伟大
也要有人懂

少年读马克思

（第二版）

韩毓海 著

中国少年儿童新闻出版总社
中国少年儿童出版社
北 京

图书在版编目（CIP）数据

伟大也要有人懂 ：少年读马克思 / 韩毓海著. -- 2版. -- 北京 ：中国少年儿童出版社，2015.8（2016.6重印）
（伟大也要有人懂）
ISBN 978-7-5148-2401-8

Ⅰ. ①伟… Ⅱ. ①韩… Ⅲ. ①马克思，K.（1818～1883）—生平事迹—青少年读物 Ⅳ. ①A712-49

中国版本图书馆CIP数据核字(2015)第082506号

WEIDA YEYAO YOURENDONG SHAONIAN DU MAKESI

出版发行：中国少年儿童新闻出版总社
中國少年兒童出版社

出 版 人：李学谦
执行出版人：张晓楠

策　　划：李学谦　　审　　读：林　栋
责任编辑：叶　丹　薛晓哲　王仁芳　　聂　冰
插　　图：李　晨　　责任印务：刘　潋
装帧设计：瞿中华　姜　楠　　责任校对：华　清

社　　址：北京市朝阳区建国门外大街丙12号　　邮政编码：100022
总 编 室：010-57526071　　传　　真：010-57526075
发 行 部：010-57526201　　010-57526231
网　　址：www.ccppg.cn
电子邮箱：zbs@ccppg.com.cn

印刷：北京利丰雅高长城印刷有限公司

开本：720×1020　1/16　　印张：11.25
2014年12月第1版　　2016年6月北京第2版第2次印刷
字数：125千字　　印数：10001–13000册

ISBN 978-7-5148-2401-8　　定价：25.00元

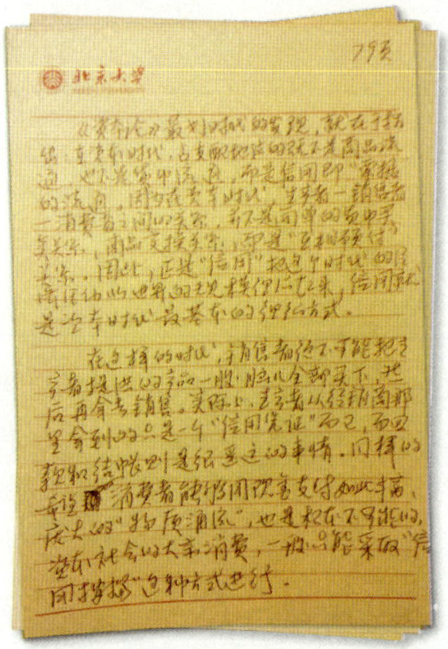

（本书部分手稿）

“这本书对我来说，是‘寻找回来的世界’，我把这看作自己人生的一次转折。它使我认识到：用艺术的方式、形象思维的方式去处理坚硬的理论问题，是完全可能的。”

当打开这本书的时候，您的第一个问题一定是：成人读马克思的书都困难，“少年”能读懂马克思吗？

请不必过虑。

因为少年看世界，比成人有优势。

圣·埃克苏佩里在《小王子》这本书的开头说：“大人们喜欢数字，当你谈到新交的朋友时，他们从不会想知道那些真正重要的事情，他们绝不会问：‘他的声音好不好听？他最喜欢的游戏是什么？他有没有收集蝴蝶？’他们只会问：‘他几岁？他有几个兄弟姐妹？他体重多少？他父亲赚多少钱？’大人总是认为，只有这些数字才能帮助他们了解别人。”

而我想告诉您的是：埃克苏佩里在这里提出的，也正是马克思的观点。

马克思说，把世界数字化，然后货币化，这造成了人们对世界理解的简单化、片面化、资本化，人们眼里只有数字和货币，于是，他们就不会想知道那些真正重要的事情，结果就是，有的时候，成人的理解能力还不如孩子。

从这个意义上说，少年的思想不受束缚，于是，少年就更容易理解马克思所揭示的世界的真实，更容易理解那些大人们所不关心的“真正重要的事情”。

“亢慕义斋”犹在，红楼钟声长鸣
——代序

北京大学校史馆里，有一张令人感慨万千的照片：一群英俊的青年，以一棵蓬勃生长的大树为背景合影，其中个子高高的就是毛泽东。那是 1920 年 1 月 18 日，毛泽东、邓中夏等人在北京陶然亭慈悲庵的合影。当时的毛泽东正在北大图书馆工作，而邓中夏则就读于北大的国学门，那时的他们，都是经历了时代的大浪淘沙、思想的勇猛精进，而刚刚成为了马克思主义者，他们也是中国和北大第一批马克思主义者。

在北大图书馆里，还珍藏着一份同样令我们感慨万千的《北大月刊》，就是这份 95 年前（1920 年 11 月 17 日）的月刊，刊载了“马克思学说研究会”的成立启事，研究会由李大钊组织发起，成员有邓中夏、高君宇、刘仁静、何孟雄、朱务善、罗章龙和张国焘等 19 人。马克思学说的思想魅力，把这些来自北大不同学科的先驱者凝聚在一起，他们一起阅读马克思，努力地在学习与寻找中读懂马克思，他们还把一起研读的小屋命名为“亢慕义斋”。“亢慕义”，取义于“Communism（共产主义）”的译音，“亢慕义斋”，则把博大精深的马克思主义学说与中国文明的典雅简洁地结合在一起，“红楼雪晴读书窗”，“亢慕义斋”这个名字，思之令人神往。当习近平总书记在北大看到这则启事等文物资料时，十分感慨地说：“追根溯源，看来源头在这里啊！”

“再回首，雄关千叠，曾记否，少年壮志读书夜。”这张照片、这则启事告诉我们：欲改造中国与世界，必先扫除思想、理论和知识的贫困状态。只有根深才能叶茂，只有在丰厚的思想、理论和知识的沃土里，生活与生命之树才能常青，而这张照片、这则启事仿佛在给我们讲述一个成长的故事：一个国家、一个民族、一代青年、一个新世界的成长，如同那棵蓬勃向上的大树。

“五四”时代，无疑是中国历史、北京大学历史上一个重要的思想解放时期，但也如鲁迅所指出的那样，它同时带来的却是“梦醒了无路可走”的彷徨与苦闷。既有的思想、理论和知识体系的瓦解和崩溃，固然使人们获得了一时之自由，但若把“人类解放”混同于一无所有的“自由”，那不过是一种不能维持多久的少年轻狂。实际上，思想和知识崩溃所造成的泥沙俱下、一盘散沙的状态，远不是“解放”，而是另一种贫困的状态。

“红楼情，千千结，问少年心事，眼底五洲风雷，胸中昆仑月。”自从找到了马克思主义，中国就此结束了思想、理论和知识的贫乏状态，就此结束了思想、理论和知识上软弱无力、一盘散沙的状态，多少中国少年从此胸中有了灯塔，身心有了依托，奋斗和牺牲有了方向。“红楼飞雪，一时多少豪杰”，我们的前人正是从“亢慕义斋”的研读中走来，一步步地为百年中国，建立起理论自信、制度自信和道路自信。

现代人类思想与知识的每一次重大进步，都伴随着一次又一次回到经典原著、又从经典作品重新出发的过程，阅读马克思，是永无止境的事业。自从找到了马克思主义，中国的面貌就焕然一新了。而百年北大，正是沿着这样一条道路，正是沿着这样一条人间正道，与我们的国家和民族、与世界一起前行的。

人类解放的事业，离不开深邃的思想、理论和知识，离不开追求真理的知识分子，正像马克思和恩格斯一样，我们的北大前人李大钊、陈独秀、毛泽东就是这样的伟大知识分子。

北京大学是最早在中国传播马克思主义和民主科学思想的基地，是中国共产党的早期活动基地，近百年前，以李大钊、陈独秀、毛泽东为代表的北大优秀师生，就是第一批在中国传播马克思主义的先行者和播火者。“雄关漫道真如铁，而今迈步从头越”，抚今追昔，今天的北大人，必须以勤奋的学习、扎实的工作，发扬这个传统，继承这个前赴后继、继往开来的事业。

马克思主义是世界上最博大精深的学问，要读懂马克思的伟大，必须像习近平总书记所指出的那样：“下得苦功夫，求得真学问。”今天，北大的青年学者韩毓海教授写出了《伟大也要有人懂——少年读马克思》，这本书体现了新一代北大人成长的心路和思想历程，体现了北大人在学习、研究和实践马克思主义学说时所作出的新的尝试、新的努力。在马克思主义学说传入中国百年后的今天，这本书的出版具有标志性意义：它表明，北京大学的百年信念与追求没有变；它表明，在探索真理的道路上，北大人前赴后继，初心不改。这本书的出版之所以具有标志性意义，更是因为它向世人表明：“亢慕义斋”犹在，红楼钟声长鸣。这本书，就是今天的北大人向时代和历史交出的一份优秀答卷。

这本书的阅读对象是青少年。而这本写给青少年的书告诉大家一个重要的、但在当下却经常被人忽略的真理：马克思是人类最伟大的思想家。我们必须像习近平总书记要求的那样，老老实实读原著，“要把系统掌握马克思主义基本理论作为看家本领”。

阅读马克思，最忌功利主义、实用主义的态度，这就是习近平总书记所指出的：“顺利的时候，看山是山、看水是水，一遇挫折，就怀疑动摇，看山不是山、看水不是水了。”这就好比——只有当美国爆发了金融危机，一些人才放马后炮说“马克思的理论都应验了”，而一旦危机过后，同样的一些人，或许又会重弹他们“马克思早就过时了”的老调。韩毓海教授博学深思，富于才华，而他治学最为可贵之处，就在于脚跟立得住，路子走得正，不跟风、不摇摆、不心浮气躁、不朝三暮四，他以默默的、持续的工作影响和带动了北大青年学生从阅读经典原著出发，一步一个脚印地往前走，迈稳了步子、夯实了根基。而这就是因为他懂得自己肩上的责任，对前人的责任，对后人的责任，而我以为这就是教师的责任：以真理的魅力引导学生的心灵，以学术的造诣开启学生的智慧之门。

马克思主义闪耀着真理的光芒，更洋溢着青春的激情。马克思在写作《共产党宣言》时只有三十岁，而中国第一组系统地介绍马克思主义学说的文章，就发表在1919年的《新青年》杂志上，其中就包括李大钊的《我的马克思主义观》。它鼓舞了一代又一代有志青年“以青春之我，创建青春之家庭，青春之国家，青春之民族，青春之人类，青春之地球，青春之宇宙”。当年，那些“一起来读马克思”的北大先驱者也不过是二三十岁的青年，而作为追求真理和进步的北大精神的代表，正是90年前的他们，为阅读马克思作出了开创性的探索和贡献，而今，北大杰出的学者再一次投入到和青年一起读马克思的工作，“鬓雪飞来成废料，彩云长在有新天。年年后浪推前浪，江草江花处处鲜”，这令人感慨、令人激奋，也令人深思。

我很高兴地看到，《伟大也要有人懂——少年读马克思》这本书，不仅在国内读者中产生了很好的反响，而且也输出到美国，本书的英文版已经在国外成功发行。这一实绩，既体现了中国少年儿童新闻出版总社、体现了当代中国出版人的脚踏实地、开拓创新的使命担当，更体现了今天的北京大学立足中国大地、面向世界一流的办学方针，体现了新一代北大学者追求真理、守正创新、严谨求实的卓越学风。

习近平总书记指出：“青年的价值取向决定了未来整个社会的价值取向，而青年又处在价值观形成和确立的时期，抓好这一时期的价值观养成十分重要。这就像穿衣服扣扣子一样，如果第一粒扣子扣错了，剩余的扣子都会扣错。人生的扣子从一开始就要扣好。”《伟大也要有人懂——少年读马克思》一书所面对的读者主要是广大青少年，这本书也得到了青少年读者的喜爱，而对于一个教师而言，没有什么比自己的教学研究成果得到年轻人喜爱更值得高兴的事情了；对于一个北大教师而言，没有什么事情，能够比继承前辈的光荣传统，在传授知识中向青少年一代传播真理之火和进步向上的价值观更重要的了。

中国已经发展起来了，今天的青少年生活在物质空前丰富的时代，但是，我们绝不能忘记那个思想、理论和知识贫困的时代，我们更不能堕入到物质上丰富而精神上贫困的境地。人类的发展需要思想，社会的进步需要精神，英勇的探索需要理论，当代的青年需要抱负。“行百里者半九十”，我们要坚定不移地走自己的路，就必须保持思想战略上的定力和坚定的信念。而马克思主义科学真理的光辉从未因时间的流逝而消减，它的磅礴力量在召唤着我们，告诉我们什么是底气，什么是定力，马克思主义和中华优秀文化，就是我们的底气和定力的源泉。

我们正处在两个一百年奋斗目标的关键时刻，当今世界正在发生深刻的变革，发展一日千里。在今天这样一个物质与财富不断“任性”倾斜，技术和工具飞速发展的市场化的时代，正如习近平总书记所指出的那样，广大青少年面对纷繁多变、鱼龙混杂、泥沙俱下的社会现象，一时有些疑惑、彷徨、失落，是正常的人生经历，而只有秉持“千淘万漉虽辛苦，吹尽黄沙始到金”的学习探索精神，不断攀登马克思主义这座人类精神思想和人文价值的高峰，不断在学习中锤炼自己的意志和定力，才能“会当凌绝顶，一览众山小”。因此，认清人类世界发展大势，把握人生大目标，攀登人类思想和精神的高峰，对于我们极为重要，而这就是“得其大者兼其小”。

马克思主义是指导我们的事业的理论基础。《伟大也要有人懂——少年读马克思》这本书，对于引领青少年攀登思想、理论和精神的高峰，对于我们把握世界大势、人生方向这些大的方面，有独特的、重要的价值。因此，我倡议北京大学的在校学生都来读一读这本书，我也希望怀抱“中国梦”、“北大梦”的广大青少年，一起来读马克思，一起来读这本“北大人”写给“少年人”的关于马克思的著作。

借此机会，我真诚地期待越来越多的北大人，能够坚定自觉与自信，坚守信念和信仰，以扎扎实实的教学、研究和写作，把“爱国、进步、民主、科学”这一在“五四运动”中形成的核心价值，镌刻在自己和青年学子的灵魂里，到学生中去，到青少年中去，到广大读者中去，做真理的播火者。

朱善璐

中共北京大学委员会书记

马克思是谁？
他做了什么？
他对我们今天的生活有什么意义？

这就是本书要讲述的内容。

为了达到这个目的，我尽可能地使自己的叙述浅显易懂，而对马克思伟大的事业而言，本书的内容当然是极其微不足道的。但是，我相信：这就是马克思曾经致力过、希冀过的工作。

我希望年青的朋友们通过读这本小书能够了解：卡尔·海因里希·马克思也曾经是怎样的一位英俊少年，而在你们当中，理所当然地应该有他事业的继承人。

目录

1

马克思
究竟是哪儿人呢?

马克思（1818—1883）是德国人吗？实际上，马克思出生的时候，还没有德国这个国家呢（德意志帝国成立于 1871 年）。那么，马克思是普鲁士人吗？可如今普鲁士这个国家早就不存在了（“二战”结束后，连德国的普鲁士省也被取消了）。

其实，就像**卢梭**[1]不是法国人而是日内瓦人一样，在马克思出生前 3 年，他的家乡还并不属于普鲁士，而属于法兰西。

马克思的家乡特里尔，公元 293 年成为罗马帝国西部副君马克西米安的驻跸首府，但在随后的 1500 年中逐渐衰败，直到 1794 年 8 月 8 日法国的军队开到这里，开始了轰轰烈烈的共和革命。1797 年特里尔成为法属萨尔省的首府，1806 年则作为莱茵联邦的一部分，正式并入了法兰西共和国。

搞清楚马克思究竟是哪里人很有必要。如果我们从亚得里亚海到北海划一条界线，这条线正好从莱茵地区穿过，它把欧洲分为东（欧）、西（欧）两个部分。马克思的家乡莱茵属于西欧，而普鲁士则向东越过了这条分界线，柏林和维也纳同样如此，它们在地理上属于东欧。

莱茵河从马克思的家乡流过，构成了天主教与新教的分界线。

长期以来，欧洲的宗教认同比国家认同要重要得多。欧洲的现代国家是在17世纪随着资产阶级革命形成的，而在此之前，欧洲没有国家主权的概念，国家是属于家族的，例如霍亨索伦家族、哈布斯堡家族、斯图亚特家族、波旁家族。家族的联姻会使两个国家合二为一，而国王再生下几个孩子，一个国家又分封为几个国家，国家的疆域和名称是不断改变的，老百姓也没有什么民族意识和主权意识。因为国家是家族的附属物。

要了解马克思，首先就要了解欧洲的历史和文明。而要了解西方文明，就要了解基督教发展的历史。

基督教起源于希伯来和希腊文明，后来成为罗马帝国的“国教”。罗马帝国分裂后，基督教分裂为东方正教和罗马天主教。1517 年的时候，在马克思的家乡附近出了一个叫路德的人，他反对罗马教廷，创立了新教，随后，在英国又发展出圣公会教、在瑞士产生了加尔文教派，这三个教派都反对罗马天主教，从此，欧洲便陷入了旷日持久的宗教战争。

基督教的所有教派都排斥犹太教，歧视犹太人，而马克思恰恰出身于犹太世家。

卡尔·马克思出生的时候，他的父亲已经拥有了特里尔城最著名的葡萄种植园和酿酒坊。从硕果累累的葡萄园远眺，儿时的马克思可以饱览特里尔城旖旎的风光：罗马时代的尼格拉城门，莱茵河畔最大、最古老的天主教堂，17 世纪建造的特里尔宫——拿破仑巡视特里尔时，就驻跸于此。

在 19 世纪的第一个 15 年里，欧洲所发生的最重大的事件就是拿破仑战争。什么是拿破仑战争的意义呢？作为法国大革命的延续，拿破仑战争的意义在于：它以对自由、平等、博爱这些现代价值观的认同，既摧毁了对于家族的认同，同时，也摧毁了宗教的权威。

“拿破仑运动”破除了宗教的等级制，拿破仑在莱茵地区的改革，使备受歧视的犹太人的社会地位得到了较全面的改善。在此之前，犹太人的居住地受限制，选择职业也受限制，比如犹太人过去是不能从政、当兵，不能从事律师这种职业的，拿破仑来了，这些禁令被废除了。拿破仑的解放法令还规定犹太人应遵守公民姓氏规范，在从军和从政时，要用家族名字而不是父亲的名字来称呼自己——因为历史上，大部分犹太人是采用“父亲的名字加前缀”的方式，来作为自己的姓氏的。而这也就是卡尔·马克思的父系祖先并不姓“马克思”的原因——实际上，这个家族只是从马克思的父辈起，才根据《拿破仑法典》选择了“马克思”作为成员的姓氏。

特里尔的英俊少年卡尔·海因里希成为了“马克思”，这并不是天然的。正是拿破仑的解放法令，使特里尔城的犹太人作为“公民”，能够享受与法国人一样的权利，能够平等地从事各种社会职业。这种解放之于犹太人，与20世纪60年代美国民权运动之于有色人种的意义完全一样。

但是，并非所有的犹太人都喜欢拿破仑，都欢迎拿破仑的改革——不要忘记，犹太人是西方私人银行业的发明者，而由于拿破仑反对放债取利，所以，长期从事这项营生的犹太人都刻骨地憎恨他、诅咒他，其中的代表就是**罗斯柴尔德家族**[2]。

日耳曼地区是新教的领地，在宗教改革中诞生的路德教，既受到了日耳曼贵族的支持，也受到私人银行家的支持，马克思后来说，这就是因为路德教把“信仰”变成了“信用”，并使国家成为了信约——债务契约的维护者。日耳曼贵族和私人银行家正是在反拿破仑战争中联合起来，共同缔造了一个以新教为共同信仰的普鲁士国家。

实际上，拿破仑的敌人不仅是反法联盟，更是投资于战争的银行家集团。而滑铁卢战役的重大历史意义则在于：它是历史上第一场由资本家支配的战争，开辟了资本与军事强权联合统治的模式。1814年，欧洲最大的银行家梅耶·阿姆谢尔·罗斯柴尔德的第三子内森（Nathan）担任了“反法联盟”的财务官，集全欧的资本之力与拿破仑的共和革命相对抗。关于滑铁卢战役有许多传说，其中就包括内森在战争胜负已见分晓时辞别战场，闯过风高浪大的英吉利海峡一路狂奔回家，大肆购买正在崩盘的英国股票，因为他知道“反法联盟”战胜的消息会极大抬升英国股票的价格。据称，他此举将1.35亿英镑收入囊中。

普鲁士虽侥幸赢得了战争，但财政却因此破产，遂不得不求助于罗斯柴尔德家族，而后者发放贷款的条件却是以普鲁士皇家领土为抵押。

普鲁士国家建立在战争和路德教的基础上，马克思后来一针见血地指出，路德教是关于信用和信贷的宗教，这就意味着，普鲁士国家是建立在战争信贷的基础上，这一论断，简明深刻地揭示了现代国家起源与资本主义之间的关系。

1815 年 6 月，拿破仑在滑铁卢战役中被“反法联盟”打倒了，莱茵地区归了普鲁士。虽说像罗斯柴尔德家族那样靠放债取利的少数犹太投机者在战争中发了横财，但莱茵地区从事工商业的犹太人却开始遭受迫害，他们经营的产业，因为缺乏资金支持而日益陷入困顿，社会职业也不再平等地向他们开放。犹太人更为那几个放战争款的金融骗子背上了黑锅，而马克思的父亲海因里希·马克思为了当律师，就不得不改宗路德教，这使他非常怀念拿破仑。卡尔·马克思幼年时期，父亲就经常给这个天才的儿子大声朗诵**伏尔泰**[3]和卢梭的作品。马克思的女儿爱琳娜说，马克思的父亲是一个真正的 18 世纪的法国人，他从心眼里了解他的伏尔泰、卢梭，他一直说他自己就是法国人。

马克思的父亲是法国人，而马克思起码在思想归属上，是认同法国大革命所倡导的现代价值观的。在整个青少年时代，马克思都是认同革命的法兰西而拒斥专制保守的普鲁士的。正像贝多芬将他的《英雄》交响乐献给拿破仑一样，马克思青年时代也把一首题为《陵墓曲》的抒情长诗献给自己的偶像拿破仑，诗中充满了欢乐与斗争的激情。

1

让 - 雅克·卢梭（1712—1778），伟大的思想家、哲学家、教育家、文学家，18 世纪法国大革命的思想先驱。代表作有《论人类不平等的起源和基础》、《爱弥儿》、《忏悔录》等。

2

罗斯柴尔德家族，在欧洲乃至全世界声名远扬的金融家族，发迹于 19 世纪初，创始人梅耶·阿姆谢尔·罗斯柴尔德和 5 个儿子在世界各地开设银行，建立了自己的银行产业链，影响了整个欧洲乃至世界历史的发展。

3

伏尔泰（1694—1778），法国启蒙思想家、文学家、哲学家、史学家，18 世纪法国资产阶级启蒙运动的旗手，被誉为“法兰西思想之王”、“法兰西最优秀的诗人”、“欧洲的良心”。代表作有《哲学通信》、《路易十四时代》、《老实人》、《形而上学论》等。

2

为什么说
马克思不是因为“仇富”，
才成了无产阶级伟大导师的？

在马克思生活的时代，东欧在政治发展和工商业发展方面，都是远远落后于西欧的。而当时的普鲁士，更完全被炒钱的罗斯柴尔德家族所绑架，走上了一条“军国”与“金融”、“信贷”与“战争”相结合的畸形发展道路。当时，西欧与东欧之间的斗争，就突出地表现为拿破仑与“反法联盟”的斗争。

尽管在 19 世纪以降的东西方大博弈中，马克思主义炬火照亮的首先是东欧和东方世界，但马克思主义却是在西欧的思想、知识和社会谱系中产生的，马克思的一生主要是在西欧（德国莱茵区和法国、比利时、英国）度过的。

值得一提的是，普鲁士对于莱茵的殖民统治在 1848 年终于得到了报应。那一年，特里尔城爆发起义，要求从普鲁士独立出来，直到占领军将大炮对准特里尔，威胁炸毁这座古城，起义才被镇压下去。而“先进的西部”与“落后的东部”之间的矛盾和斗争，则贯穿于德意志建国的整个过程，一个重要例证就是：1895 年，与马克思并称社会学奠基人的**马克斯·韦伯**[1]，在**弗赖堡大学**[2]发表了题为“民族国家与经济政策”的就职演讲。这篇著名演讲所探讨的，依旧还是德国西部与东部之间的矛盾问题。

正像罗马不是一天建成的那样，马克思的思想，也不是一天形成的。马克思青年时代最初的理想其实是：欲建立一个统一的欧洲，必先建立一个共和、统一的德意志，而这意味着以莱茵的工商业，去改造普鲁士那种“买空卖空、票据投机、没有任何现实基础的信用制度”。用今天的话来说，德国东西部的主要矛盾，就体现为“虚拟经济”与“实体经济”之间的矛盾，体现为发展实业的道路与“战争与金融”相结合的军国主义道路之间的矛盾。马克思最初的合作伙伴，正是一批志同道合的莱茵青年才俊，他们大都出身于经营工商业的犹太巨富之家，正是这些青年才俊构成了马克思主编的《莱茵报》的投资人。1848 年，当马克思创办《新莱茵报》时，他们又一次团结在马克思周围。

正像毛泽东和他的许多战友都来自中国的湖南一样，

莱茵也是马克思革命事业的根据地。实际上，与马克思类似，初出茅庐的毛泽东起初的政治理想，也并不是实现“共产主义”，而是“联省自治”和湖南独立。

正因为马克思最初的朋友圈是由莱茵工商业界青年巨子们构成的，所以，裁缝出身的**威廉·魏特林**[3]在与马克思争夺德国共产主义运动领导权时，就曾愤愤不平地指责马克思说：“他的影响力来自富人，富人让他当上了报纸编辑，就这么回事。”

魏特林的话并非刻意诽谤，更不是空穴来风。的确，没有谁一生下来注定就是世界无产阶级的伟大导师。实际上，世界无产阶级的伟大导师出身于一个富有的资产阶级家庭（马克思父亲因为经营酿酒业，年收入高达1500塔勒，塔勒是普鲁士银币的单位，英语里的Dollar是它的转译）。而有人说马克思家境殷实，但谈不上富有，这是不了解马克思的母亲。马克思的母亲是荷兰人，马克思的父系有五代是犹太**拉比**[4]，而马克思的母系则不知道可以上溯到多少代——通通都是欧洲的大拉比。马克思的女儿说，很少有人注意到马克思有一半荷兰血统，正如大家很少注意到，马克思家的祖宗几乎都是犹太拉比。

马克思的母亲叫罕莉娅，她嫁过来的时候带了很多的嫁妆。马克思的姨妈叫索菲亚，索菲亚留在了荷兰，她嫁给了一个有名的荷兰企业家利奥·菲利普（Lion Philips）。索菲亚姨妈和这位利奥·菲利普先生，就是飞利浦公司的创始人。

马克思的表兄弟叫奥古斯特·菲利普，他是飞利浦公司的第二代传人，飞利浦公司正是在他的子孙们手里真正站起来的。大家可能用过飞利浦剃须刀、飞利浦洗衣机，质量非常好，但几乎没有人知道，那就是马克思姨妈家的产品。

1872 年 2 月，《资本论》第一卷法文版译就，但出版商却提出印刷费需要作者本人先行垫付，于是，马克思便给他的表兄弟奥古斯特·菲利普写信说：给点钱印《资本论》第一卷法文版吧！奥古斯特·菲利普很快就回了信。信中说：作为表兄弟，别说这点钱，更多的钱都可以给你。我们犹太人重视钱也重视学问，像你这样的大学者，本公司各方面的帮助原本都会有，但是，鉴于你的立场，这笔钱不会给。

不过话说回来，革命也是需要钱的，如果没有来自母亲一方的资助，马克思是不会有经济能力写出《资本论》来的。

这一切说明什么呢？这说明：马克思不是因为遭受了阶级压迫，不是因为“仇富”，才成了无产阶级伟大导师的。马克思生来富贵，从不愤世嫉俗，马克思的出发点不是个人。与马克思同时代的约翰·斯图亚特·穆勒曾经说过，人生有比追求个人享乐更高的目标，而这就是致力于大家的幸福，所谓“最大幸福的原则”不是个人作威作福，而是努力使个人幸福与大家的幸福协调起来。动物只知道享乐，而追求大家的幸福——这种“最大的幸福”，却是“一头快乐的猪”永远也不可能懂得的幸福与快乐。亚当·斯密在《道德情操论》中则说，对于同类所遭受的苦难的“同情”，是人类固有的本性，而康德后来说，这就是人的“类本质”，马克思青年时代所要追求和抓住的，就是这种人的“类本质”。

正像托尔斯泰[5]在《战争与和平》中所说的那样：

每个人都有两种生活：一种是个人的私生活……一种是天然的群体生活。……人自觉地为自己活着，但是他不自觉地充当了达到历史的、全人类的各种目的的工具。……历史，就是人类不自觉的、共同的群体生活。【托尔斯泰.《战争与和平》（下卷），北京：人民文学出版社，1989:679.】

马克思于 1818 年 5 月 5 日出生在特里尔的这座房子里，这是当时马克思父母租的房子。1819 年，马克思一家搬进了附近一个相对小一点儿的房子。现在这座房子是马克思纪念馆，每天接待成千上万来自世界各地的游客。

青年朋友们，请从现在起，就去思考一下这个问题吧：人的一生，究竟是为自己活着呢，还是把自己置身于千百万人共同的群体生活中，努力地使自己的幸福与大家的幸福协调起来呢？

特里尔是座古城，但也是欧洲历史的大舞台，生长在这里，就是生长在历史之中，即生活在那种把千百万人卷入其中的历史运动之中。拿破仑战争贯穿了 19 世纪的第一个十五年，接踵而至的则是惊天动地的大变革，正是特里尔这座古城的兴衰成就了少年马克思，使他早慧地认识到：个人生活的意义，只能从共同的群体生活中去寻找，“最大幸福”的原则，只能从“大家的幸福”中去寻找，而不能从个人本身去寻找。

1

马克斯·韦伯（1864—1920），德国著名社会学家、政治学家、经济学家、哲学家，是公认的现代社会学和公共行政学最重要的创始人之一，被誉为“组织理论之父”。

2

弗赖堡大学，创建于1457年，位于德国西南部的美丽小城弗赖堡，是德国和欧洲历史最为悠久和最有名望的大学之一，也是一座和城市建筑很好结合、没有围墙的传统大学。

3

威廉·魏特林（1808—1871），19世纪欧洲重要的激进主义者，曾被马克思和恩格斯评价为空想社会主义者，同时恩格斯还认为他是“德国共产主义的创始人”。

4

拉比，犹太人中的特别阶层，智者的象征，负责犹太教经典和律法的解释和传达，拥有较高的宗教地位和社会地位。

5

列夫·尼古拉耶维奇·托尔斯泰（1828—1910），19世纪中期俄国批判现实主义作家、文学家、思想家、哲学家。代表作有《战争与和平》、《安娜·卡列尼娜》、《复活》，戏剧《黑暗的势力》和若干短篇小说和评论。

3

公民与市民
之间的区别是什么?

马克思留在人们心目当中的第一篇作品，就是《青年在选择职业时的考虑》，这是马克思 17 岁时写的一篇作文。

这篇文章把他的老师和校长**约翰·胡果·维滕巴赫**[1]惊呆了、打动了，马克思经过“考虑”说出的话，绝不是那时代的普鲁士孩子能够说出来的，倒像是个白胡子的希腊哲人才能说出的话，因为在这篇文章里，少年马克思讲了“公民”与“市民”之间的区别究竟是什么。

“公民”与“市民”之间的区别究竟是什么呢？

亚里士多德在《政治学》中说：公民就是自由、平等的人，而自由平等的人组成的共同体就叫城邦。

一个奴隶，可以有技艺、有学识，甚至有钱，但是，他却没有公民的身份，这就意味着他不拥有自由与平等。

而由没有自由与平等的人组成的社会，即使有许多的能工巧匠，即使贸易发达、非常富裕，但那也只是个“奴隶之邦”。

而柏拉图在《理想国》中则说：公民，就是灵魂里有黄金的人，这种黄金就是对于自由、平等和正义的追求，因此，他们不需要现实世界里的金银。

卢梭在《爱弥儿》中说，公民为城邦而战，这就是为自由、平等而战，而奴隶则不会这样做，因为奴隶不知道自由和平等比生命更重要，而这就是“公民”与“奴隶”的区别。他讲了一个很好的故事，说明为什么**斯巴达**[2]人是公民，公民与奴隶的区别在哪里：

有一个斯巴达妇女的五个儿子都在军队里，她等待着战事的消息。一个奴隶来了，她战栗地问他。“你的五个儿子都战死了。”“贱奴，谁问你这个？”“我们已经胜利了！”于是，这位母亲便跑到庙里去感谢神灵。这样的人就是公民。【卢梭.《爱弥儿》（上卷），北京：商务印书馆，1978:12.】

要深入地思考公民与市民之间的区别究竟是什么，我们首先就要回答一个更为重要的问题——人是什么？

卢梭 50 岁的时候在《爱弥儿》中说：这个关心战争输赢胜过关心自己儿子生死的斯巴达妇女是公民，因为她是“愿意为共同事业献身的人”。而马克思 17 岁时就在自己的作业里说：“……人人敬仰的理想人物，就曾为人类牺牲了自己……”这绝对是天才少年说出来的话啊！

什么是人？什么是人与动物的区别？这是马克思青年时代苦苦思考的问题。青年朋友们，这其实也是每个胸怀大志的人在自己的人生起点上，都需要认真思考的问题。

马克思说：动物所追求的就是低级的感官快乐，而人的目标则是“使人类和他自己趋于高尚”，而职业不过是实现这个目标的手段。

但是，当“自我的完善”与“人类的完善”相冲突的时候，当“个人的快乐”与“人类的幸福”相矛盾的时候，人究竟该如何选择呢？毫无疑问，这种选择是艰难的。

于是，在《青年在选择职业时的考虑》的开篇，马克思说了这样一段话，这段话，几乎成了这个“高富帅”一生的“咒语”：

能这样选择是人比其他生物远为优越的地方，但是这同时也是可能毁灭人的一生、破坏他的一切计划并使他陷入不幸的行为。因此，认真地考虑这种选择——这无疑是开始走上生活道路而又不愿拿自己最重要的事业去碰运气的青年的首要责任。

【马克思，恩格斯.《马克思恩格斯全集》（第四卷），北京：人民出版社，1982:3】

最终，在个人的完善和幸福与人类的幸福之间，马克思选择了后者，而正是这极为艰难的选择，预示了马克思毕生的命运。

这就是马克思 17 岁时的选择，是他经过严肃的思考而得出的答案：

历史承认那些为共同目标劳动因而自己变得高尚的人是伟大人物；经验赞美那些为大多数人带来幸福的人是最幸福的人；宗教本身也教诲我们，人人敬仰的理想人物，就曾为人类牺牲了自己——有谁敢否定这类教诲呢？

如果我们选择了最能为人类福利而劳动的职业，那么，重担就不能把我们压倒，因为这是为大家而献身；那时我们所感到的就不是可怜的、有限的、自私的乐趣，我们的幸福将属于千百万人，我们的事业将默默地、但是永恒发挥作用地存在下去，而面对我们的骨灰，高尚的人们将洒下热泪。【马克思，恩格斯.《马克思恩格斯全集》（第四十卷），北京：人民出版社，1982:7.】

1843 年秋，25 岁的马克思在《论犹太人问题》这篇文章中，进一步阐发了上述观点。他说，追求自由平等，追求人的解放，这是文明发展的动力，从这个意义上说，希腊才能被称为“文明”。因为“文明”（英语：Civilization；法语：Civilisation；德语：Zivilisation）这个词，在西语中有一个共同的拉丁语词根：civis，即“城邦公民”。实际上，“公民”（civis）这个词，也就是这样与另外一个希腊词 politeia（源于 polis，即“城邦”）结合在了一起。

基督教把“公民”之间的交往与联合，瓦解为孤立的个人面对上帝，而孤立的人、异化的人、绝对的个人——这正是资产阶级社会从基督教社会里继承来的东西。在资产阶级社会里，人与人之间的唯一的交往方式就是货币交换，马克思说，这种“互不依赖，通过交换才联系起来的人”就是市民，这样的人，只会从钱的角度去理解世界，与希腊—罗马那种公民社会相区别，这样的社会则是“市民社会”。

“公民”就是这样变成了“市民”，即“资产阶级”。而资产阶级的唯一快乐就是赚钱，但是，他们忘了赚钱不是目的，赚钱充其量不过是实现幸福的手段，金钱不能买来幸福，但幸福却会被金钱所出卖，把手段当作目的，这就是马克思所说的“异化”。

在欧洲历史上，犹太人的职业选择，一般而言就是赚钱，但出身于犹太望族的马克思却说，金钱并没有给犹太人带来幸福，因为犹太人没有自由，也没有平等，恰恰相反，他们被视为“夏洛克”，而到处受到歧视。

马克思说，随着资产阶级市民社会的形成：

不是身为 citoyen（公民）的人，而是身为 bourgeois（市民社会的成员）的人，被视为本来意义上的人、真正的人。

市民社会从自己的内部不断产生犹太人。【马克思，恩格斯 .《马克思恩格斯文集》（第一卷），北京：人民出版社，2009:43，52.】

马克思讽刺说：资产阶级社会没有解放犹太人，而是妄图使所有的人都沦为犹太人。

市民社会不是希腊城邦，市民社会里的人追求的是财富和技能，而城邦则是由追求自由、平等和正义的公民构成的共同体。卢梭说，在市民社会基础上建立的国家不是“祖国”，因为那里什么都有，但就是没有“公民”，而没有“公民”的国家，即使强大富裕，也不过是个奴隶之邦。

卢梭在《论科学与艺术的复兴是否有助于使风俗日趋淳朴》里这样说：

你们的孩子不会说他们自己的语言，但却能说在任何地方都用不着的语言，会作一些几乎连他们自己也看不懂的诗。孩子们不仅没有学到区别真理与谬误的本领，反而学会了一套善于诡辩的技能，把真理与谬误搞混，使人分不清真伪。什么叫崇高，什么叫正直，什么叫谦和，什么叫人道，什么叫勇敢，他们全然不明白。“祖国”这个亲爱的名词，他们充耳不闻。

……我们有许多物理学家、几何学家、化学家、天文学家、音乐家、画家和诗人，但就是没有公民。如果还有的话，他们也是分散在穷乡僻壤，一生贫困，被人轻视。那些向我们提供粮食并向我们的孩子提供牛奶的人的处境，就是如此；我们对他们的感情，就是如此。【卢梭.《论科学与艺术的复兴是否有助于使风俗日趋淳朴》，北京：商务印书馆，2011:35，37.】

由于交往方式的改变，由于人变成了孤立的“个人”，于是，人们的行动便难以达成共同的目标，正像语言被变乱之后，人就不能齐心协力地去建造巴别塔那样，每个人在人类的群体行动面前都变得被动了，个人利益与群体利益对立起来了。市民社会里的每个人，都只是与货币发生关系，而与他人不发生直接的关系，于是，他们也只关心自己的、个人的、特殊的利益，从而把共同利益看作是完全外在于自己，并与自己相对立的压迫性力量。由于个人与社会、特殊利益与共同利益处于完全对立的状态，因此，这样的社会，便是反对“共同利益”、反对“公民”的社会。这样一来，人类历史就变成了外在于每个人的、被动的历史，成了盲目的历史，成为了一场“动乱”和“乱动”。

什么是资产阶级社会（市民社会）呢？简而言之，那就是一个与“公共财富”、“公民”相对立的社会。

那么，究竟什么是马克思青年时代追求的“人的解放”呢？

人的解放，就是从“市民社会”里解放出来，因为在那里，人成了金钱的奴隶，在那里，人们看到的只是数字，只是钱，而看不到其他更重要的东西。赚钱充其量是实现幸福的手段之一，但现在它却成了唯一的目的，因此，人的解放，首先必须从觉悟到这种手段与目的的“颠倒”起步，从觉悟到这种“异化”起步。

1

约翰·胡果·维滕巴赫，特里尔中学的校长，在马克思所在的班级上教过历史的老师。他写了一系列历史研究文章，强调查理大帝在发展教育和唤起人们注意古代文化方面的功绩。马克思写的一首题为《查理大帝》的诗，就是受到了他的影响。

2

斯巴达，古希腊最强大的城邦之一，其人民勇猛好战，纪律严酷，历史上曾占领整个希腊。“斯巴达”本义为可以耕种的平原，与《商君书》中的“农战”近似。

4 我们应该怎样追求知识？

马克思23岁时获得了博士学位，他的博士论文堪称特立独行、博大精深。

马克思为自己的论文起了一个非常学术化的题目，叫作《**德谟克利特**[1]的自然哲学和**伊壁鸠鲁**[2]的自然哲学的差别》。他追溯了西方文明的起源，论文首先面对的问题是：我们究竟应该怎样追求知识？

马克思说，古希腊有两种对待知识的方式：第一种是德谟克利特式的，德谟克利特认为感性知识靠不住，感觉的世界是假的。

以观察太阳为例，有人看太阳是红的，有人看太阳是黄的，有人看太阳是鸡蛋黄那么大，我看到的太阳就从来没超过车轮那么大，但实际上，太阳不是车轮那么大，太阳很大。所以，感觉的世界是假的。

那么，什么东西是真的呢？德谟克利特说，感觉世界背后的“必然性”才是真的。

但伊壁鸠鲁的看法则不一样，他代表了第二种对待知识的方式。伊壁鸠鲁认为感觉世界是真的，你看太阳像鸡蛋黄一样大是真的，德谟克利特用几何学计算的太阳浩瀚无边也是真的，这是因为采用的工具和所处角度不同，没有绝对的“真的”。表象不同，只是因为我们站的角度不同、我们所采用的认识工具不同而已。

马克思是从德谟克利特与伊壁鸠鲁之间的对立展开自己的思考的，他通过这个例子，来讲德谟克利特和伊壁鸠鲁的差别。他说：德谟克利特认为世界上只有一种唯一正确的知识，那就是揭示了客观世界的“必然性”的知识；但是，伊壁鸠鲁却对这个被“必然性”决定了的僵化枯燥世界不感兴趣，他因而背过身去，转而去追求思想与想象的自由，于是，在伊壁鸠鲁那里，存在的自由，就只是“思想的自由”。

我们在求知的过程中，无一例外都会遇到马克思在博士论文中提出的问题。而老师们往往会告诉我们说，世界是被客观必然性决定的，客观必然性是不以我们的意志为转移的。但这种教育是很冒险的。因为它容易导致这样的看法：世界上只有一种知识、一种思想是唯一正确的。

后来，马克思在批判费尔巴哈[3]时，进一步阐述了他在博士论文中提出的这个观点。他说，费尔巴哈只是把世界当作了“感性对象”，而没有当成“感性活动”。那么，什么是“感性活动”呢？所谓“感性活动”，就是与世界、与他人的互动。我们改变自然，也被自然改变着；我们在与他人打交道的同时，也被他人影响、改造着。比如说，我在写作的过程中，不断得到编者、读者的反馈和批评，因此就不断地修改自己的认识，而这种写作活动就是“感性活动”。

我们应该怎样追求知识呢？马克思说，追求知识的正确方法，就是不把世界和他人当作“感性对象”，而是把“求知”当作一种与世界和他人“互动”和“对话”的活动。

这个活动是无止境的，因此，对于知识来说，“完成”和“完美”是极其虚假的观念——实际上，马克思总是在不断地修改自己的作品，他的绝大多数重要著作，都是反复思考、反复修改完成的，还有不少是没有完成的“手稿”。

马克思 23 岁时思考的问题非常了不起，它通向后来的马克思主义。因为马克思后来说：人们的认识是从哪里来的呢？每个人的认识可能都对。这就是“人的社会存在”——你所处的阶级位置——决定人的意识。

那么，这是不是像伊壁鸠鲁所说的那样："客观的知识"是不可能的呢？

当然不是的。恰恰相反，客观的知识，是由无数双眼睛里的世界共同构成的，于是，当你专注于自己眼睛里的世界的同时，必须知道：世界在别人的眼睛中是不同的，是另外一种样子。因此，在注视世界的时候，就必须注视他人的眼睛和目光，就必须知道，你对世界的认识绝不是唯一的。

这种包纳他人视野的态度，就是马克思所谓的"批判"。马克思著作中最常见的两个字就是"批判"，连《资本论》的副标题也是"政治经济学批判"。

"批判理论"是马克思开创的，"批判"是马克思对待知识的基本态度，正是通过这样的态度，马克思和恩格斯方才跨越了他们自己所处的阶级和时代的局限，从而能够虚心而真诚地倾听别人的声音，特别是这个世界上沉默的大多数——无产者和劳动者的声音。正是通过这样的态度，马克思才因为包纳了无数众生渴望的眼睛，而变得目光如炬。

批判，首先是自我批判，是战胜自我。批判，也就是正视他人的眼睛，倾听他人的呼吁，并立志为别人做些什么。毛泽东所说的"为人民服务"的人生态度，就是从这样的认识论起点上建立起来的。

“批判”也决定了马克思的写作方式和表述方式：马克思从来不是直接提出自己的观点，而是在尽可能占有已有研究成果和吸收他人观点的基础上，把自己的观点融入到对这些成果和观点的分析和批判之中。

马克思的博士论文还指出：我们之所以必须“批判地追求知识”，是因为没有哪种知识只包含纯粹的事实，而不掺杂其他。在每一个所谓“事实”背后，都有讲述者的意图，都有陈述这项事实的人给予世界的判断。那个判断总是说：“这个事实很重要，其他被忽略的东西不重要，因为它并不构成事实，或不代表事物的‘本质’。”但马克思说，那些为教科书所省略的事实恰恰非常重要，这其中就包括占人类大多数，但却总是被忽视的普通劳动者，以及他们在历史中的作用。

1 德谟克利特，古希腊伟大的唯物主义哲学家，原子唯物论学说的创始人之一。

2 伊壁鸠鲁，古希腊伟大的哲学家、无神论者，认为感觉是判断真理的标准。

3 路德维希·安德列斯·费尔巴哈（1804—1872），马克思以前德国最杰出的唯物主义哲学家，“青年黑格尔派”成员，其思想属于德国古典哲学的形而上学唯物主义，代表作有《基督教的本质》等。

5

世界上
有直线运动吗?

马克思博士的论文研究的是希腊哲学。希腊哲学要回答的是世界的本质是什么。基于这种回答，希腊哲学分成了两个流派：一个是自然哲学，它认为世界的本源是原子，另一个是形而上学，它认为世界的本源是数。形而上学实质上就是“把世界数字化”，马克思后来说，把“价值”数量化、进而货币化，这就是资本化。所以，他方才说资产阶级经济学实质上是一种形而上学。

在博士论文中，马克思没有讨论形而上学，而是讨论了自然哲学即“原子论”。

在这里，马克思批判了德谟克利特关于原子运动的必然性的学说，指出正是这种必然性，导致了基督教的上帝决定论。

德谟克利特说：一个物体悬在空中会掉到地上，这说明，向下的垂直运动是一种必然性，原子的这种垂直运动是必然的。同时，原子之间的碰撞说明，原子互相吸引的运动，也是一种必然性。

但马克思却说，原子有三种运动，一个是垂直运动，一个是互相吸引的运动，更重要的是——在这两者之间，事物本身的运动“是同时对这两个必然性的反抗”，从而表现为“弹性和偏离”。因此，原子运动不是直线，真正的原子运动是偏斜的，是偏离运动。

马克思正是通过这个重要发现，讲了那个更为深刻的道理：实践，或者“革命”。

什么是实践呢？

实践不是直线运动，实践是偏离直线的运动。这就是他后来说的：“哲学家的使命是解释世界，问题是改变世界。”

物质运动不是直线，因为它是不同的力（量）之间斗争、较量的过程。

马克思说：如果说垂直运动和互相吸引的水平运动是必然性，那么，这两种必然性产生的结果却是偏斜，是偶然性。

尼采[1]说：“一切斗争——一切发生事件皆是斗争——都需要**延续**。我们所谓的‘原因’和‘结果’放过了斗争，因而并不与事件相符合。一贯的做法是，否定原因和结果中的时间。”实践其实就是斗争和博弈，离开了力量之间的斗争，就没有时间，也就没有了历史运动。

离开了实践、斗争和革命，原因并不能自动导致结果。黑格尔说，奴隶受压迫的原因不是因为他是奴隶，而是因为他放弃了斗争。这也正是马克思博士论文的观点。世界上没有直线运动，也“没有两片完全相同的树叶”，人类历史的发展并不是一条直线，所有的实践都是对直线的偏离，斗争改变宿命，自由是对必然性的超越。

那么，在马克思那里，“革命”究竟是什么呢?

“革命”，当然不是维持现状，但马克思同时又指出，“革命”也不是实现什么理想，不是要达到一种既定的理想目标。

那么，究竟什么是“革命”呢?

“革命”，就是始终保持“运动”的状态。

正是基于这种对于“革命”的理解，马克思后来方才这样深刻地指出：

共产主义对我们来说不是应当确立的**状况**，不是现实应当与之相适应的**理想**。我们所称为共产主义的是那种消灭现存状况的**现实的**运动。这个运动的条件是由现有的前提产生的。

【马克思，恩格斯.《马克思恩格斯选集》(第一卷)，北京：人民出版社，2009:539.】

“革命”，就是“那种消灭现存状况的现实的运动”。“革命”，就是始终保持运动的状态，始终保持蓄势待发的飞跃姿态。“革命”，也就是毛泽东所说的“雄关漫道真如铁，而今迈步从头越”。

这是多么深刻、独到、惊人的见解啊！

正因为历史唯物主义所面对的那种“历史”，是本书开篇时所提出的把千百万人卷入其中，由千百万人彼此冲突和斗争的意志所创造的“历史”，是托尔斯泰在《战争与和平》里所描述的那种“历史”，所以，恩格斯方才这样说：

历史是这样创造的：最终的结果总是从许多单个意志的互相冲突中产生出来的，而其中每一个意志，又是许多特殊的生活条件，才成为它所希望的那样。这样就有无数互相交错的力量，有无数力的平行四边形，由此就产生出一个合力，即历史结果，而这个结果又可以看作一个作为整体的、不自觉地和不自主地起着作用的力量的产物。因为任何一个人的愿望都会受到任何另一个人的妨碍，而最终出现的结果就是谁都没有希望过的事物。

【马克思，恩格斯.《马克思恩格斯选集》(第四卷)，北京：人民出版社，1995:697.】

那么，怎样才能认识这样的历史呢？马克思后来总结道：要认识这样的历史，仅靠分析那个时代的思想——仅靠分析占统治地位的统治阶级的思想是不行的，要认识这样的历史，我们就必须分析该时代的生产力和生产关系这两种“必然性”之间的矛盾，会导致一种怎样的社会运动：

我们判断一个人不能以他对自己的看法为根据，同样，我们判断这样一个变革时代也不能以它的意识为根据。相反，这个意识必须从物质生活的矛盾中，从社会生产力和生产关系之间的现存冲突中去解释。【马克思，恩格斯．《马克思恩格斯文集》(第二卷)，北京：人民出版社，1995:33.】

马克思在23岁的博士论文中，首次提出了“批判”与“革命”这两个命题。这篇博士论文已经说明——他必然会成为后来的马克思。后来，马克思通过两部伟大作品，分别实现了这两个光辉的命题：《资本论——政治经济学批判》是“批判之作”的典范，而《共产党宣言》则是“革命的圣经”。

怎样做一个马克思主义者呢？要做一个马克思主义者，首先就必须学会批判地追求知识，就必须对现存世界采取批判与革命的态度。

1

弗里德里希·威廉·尼采（1844—1900），德国著名哲学家，西方现代哲学的开创者，优秀的诗人、散文家。代表作有《悲剧的诞生》、《不合时宜的考察》、《权力意志》等。

6

蜜蜂的活动
和人的劳动有什么不同？

马克思认为，人的精神由知识与理智、情感与意志两个方面构成，知识与理智的增强，并不意味着情感与意志的发展。比如说，一个热爱诗歌的青年，却为了找一个好职业而选择学习法律，这就是在理智的支配下，去做违背和压制自己自由意志的事情，这种扭曲就是“异化”。

这是一种很深刻的思考啊！尼采就是因为思考这种问题发疯了。有一次，尼采在路上见到马夫抽打一匹马，他突然冲过去抱着马的脖子痛哭起来，并哀求那个马夫不要鞭打“自由”。

“尼采和马”的故事，令我们想起卢梭在《论人类不平等的起源》中的名言：

文明人毫无怨言地戴着他的枷锁，野蛮人则决不肯向枷锁低头，他们宁愿在飘摇中享受自由，也不愿在安宁中遭受奴役，这正如一匹被驯服了的马，耐心地承受鞭笞和踢马刺，而一匹野马则一接近缰辔就竖起鬃毛，用马蹄踢地，激烈地抗拒。所以，我们不应当根据被奴役人民的堕落状态，而应当根据一切自由民族为反抗压迫而作出的惊人事迹来判断人的天性究竟是甘受奴役还是向往自由。

【卢梭.《论人类不平等的起源》，西安：陕西出版集团，陕西人民出版社，2012:79.】

是啊，一匹被驯养的马，虽不必像野马那样忍饥挨饿、四处觅食，但却因为享受“嗟来之食”的安逸，而不得不遭受奴役和鞭打。家马与野马，究竟哪一个更幸福呢？

卢梭所谓套在人类头上的“枷锁”究竟是什么呢？他说，那就是“文明”。因此他方才说，“文明人毫无怨言地戴着他的枷锁”，而当人对于“文明”本身没有反思、没有批判的时候，他便不会感到自己是戴着枷锁的。

马克思与卢梭一样，认为人类戴着“文明的枷锁”，他提出的与之类似的问题就是：蜜蜂的活动和人的劳动有什么区别呢？这个伟大的哲学问题，竟然成为《资本论》的开篇。马克思在《资本论》里说：

我们要考察的是专属于人的那种形式的劳动。蜘蛛的活动与纺织工的活动相似，蜜蜂建筑蜂房的本领使人间的许多建筑师感到惭愧。但是，最蹩脚的建筑师从一开始就比最灵巧的蜜蜂高明的地方，是他在用蜂蜡建筑蜂房以前，已经在自己的头脑中把它建成了。劳动过程结束时得到的结果，在这个过程开始时就已经在劳动者的表象中存在着，即已经观念地存在着。他不仅使自然物发生形式变化，同时他还在自然物中实现自己的目的，这个目的是他所知道的，是作为规律决定着他的活动的方式和方法的，他必须使他的意志服从这个目的。【马克思，恩格斯.《马克思恩格斯文集》(第五卷)，北京：人民出版社，2009:208.】

通过这个看似抽象的问题，马克思开创了思考人类文明的一个特殊的视野。后来的尼采、**弗洛伊德**[1]、**涂尔干**[2]、**福柯**[3]，甚至毛泽东，都是沿着马克思的方式来思考人类文明的。

什么是文明？文明是衡量人类进步的尺度，只有人类才能创造文明。为什么呢？因为文明就是法则，就是规范，就是规矩。我们建筑鸟巢体育馆，正如纺织工人织布一样，这是严格按照我们头脑中的法则去工作。而蜜蜂、蜘蛛既

马克思通过比较蜜蜂的活动和人的劳动，开创了思考人类文明的特殊视野。尽管两者的活动比较相似，但是人类的劳动，比如纺织工人织布，是严格按照自身头脑中的法则去工作的，这也正是只有人类才能创造文明的原因。

不能习得法则，也不是按照法则来活动的，它们随心所欲、按照本能活动，于是，它们就不能创造文明。

依据法则、遵守规矩，这是创造文明的动力，是文明进步的基本条件。但非常不幸，法则、规范和规矩，同时也是对人的自由意志的约束和压制，用卢梭的说法，它也是“枷锁”。

想想看，青少年为何会有一个苦闷的青春期呢？因为从那时起，他（她）要学着适应社会、遵从各种社会法则，这个走向“成熟”的过程，就类似于卢梭所说的由“野马”变成“家马”的过程。而只有经历岁月荏苒，待到韶华不再，回忆早已逝去的青春和童真,人们才会像尼采那样不禁怆然。

弗洛伊德后来说：人的本性是追求快乐的，但文明却起源于对“快乐原则”的压抑，从这个意义上说，文明就是“受苦”，一切伟大文明的成果，都不过是“苦难”带来的“辉煌”，是“苦难”造成的“辉煌”。文王拘演周易，仲尼厄作春秋，司马迁受了宫刑，于是发愤著书，其实都说明了这个道理。

人们说劳动创造了文明，但马克思在柏林大学的老师黑格尔却说：劳动作为“实践教育”，它与其说是一种教育或教化，还不如说是一种“训练”或“驯化”。这种训练或驯化，与人对于动物的驯化几乎没有什么不同，它的目的与其说在于解放人，还不如说“在于限制人的活动，即一方面使其活动适应物质的性质，另一方面，而且是主要的，使其能适应别人的任性”。

而马克思则说，人类的劳动和蜜蜂活动之间的不同之处在于：一方面，人类劳动是把人头脑中的法则加诸物质世界；另一方面，劳动也是把法则加诸人的自由意志。前者是使自然服从法则，后者是使人（的自由意志）服从法则。

现代社会的进步、现代文明的发展，就体现为法则和规矩的进步，而这些法则和规矩，同时也是建立在空前的社会压迫的基础上，这种压迫，首先是对劳动者及其自由意志的压迫，这就是现代文明发展的辩证法。

从文明的辩证法角度观察世界，马克思发现了现代社会最根本的“异化”：劳动原本是人的自由意志的体现，但资本主义的雇佣劳动却完全违背了劳动者的自由意志，对资本家来说，赚钱由追求幸福的手段，变成了唯一的目的，而资本主义雇佣劳动，则把工人完全变成了赚钱的工具，在劳动中，工人得到的不是幸福，而是苦难和锁链。因此马克思说：无产阶级代表着“一个由于自己遭受普遍苦难而具有普遍性质的领域”。

青年马克思在思考“蜜蜂的活动和人的劳动有什么不同”时，发现了现代社会最根本的异化：劳动创造了世界，但这个世界则反过来构成了对于劳动者的压迫。青年马克思没有被这个事实吓住，也没有崩溃，他站在人类历史的十字路口，直面了这个问题。他认为，文明和进步都是有代价的，只有文明和进步所造成的代价被克服的时候，才能真正谈得上人类解放。

马克思和恩格斯成长于高贵富裕的资产阶级家庭，他们的成长经历与“悲惨”、与“异化”二字其实毫无关系。青年马克思思考“异化”的出发点，既不是抽象的学术，也不是个人的经历，而是因为他走出了“自我”，接触到了“他人的悲惨”，并把他人的悲惨，当作了全人类的悲惨和自己的悲惨。

也就是说，马克思和恩格斯并不是在强调他们自己陷入了异化，从而呼喊着：必须把“我自己”从异化劳动中解放出来，恰恰相反，他们是主张“将别人从这种悲惨的异化劳动中解放出来”；而为了实现这个目标，即使抛弃“我自己”的高贵、幸福、富裕，粉身碎骨也在所不惜。

从任何标准来看，学识渊博的马克思和恩格斯都属于文明社会里的文化精英，只是，与一般的文明人和文化精英不同，他们对自己置身其中的那种文化和文明，怀抱着深刻的批判和反思态度。

什么是真正的文化人和文明人呢？难道有点知识，掌握了游戏规则者，就是文明人吗？不是的。只有像马克思和恩格斯那样，对自己所处时代的文化和文明保持着深刻反思态度的人，才能称得上是真正的“有文化的人”。

当今世上的“文化精英”们，为什么会众口一词地反对马克思呢？这不过显示了他们自己根深蒂固的肤浅，因为这些人从来没有像卢梭、马克思、尼采那样，对他们置身其中的文化和文明怀抱清醒的批判和反思态度，而这样的人，根本就不是什么真正的文化人。

1

西格蒙德·弗洛伊德（1856—1939），奥地利医生、心理学家、哲学家、精神分析学创始人。代表作有《梦的解析》等。

2

涂尔干（1858—1917），法国社会学家，与卡尔·马克思和马克斯·韦伯并称为社会学的三大奠基人。

3

米歇尔·福柯（1926—1984），法国哲学家、社会思想家和“思想系统的历史学家”。代表作有《疯癫与文明》、《性史》、《规训与惩罚》、《临床医学的诞生》等。

7

爱情和独立思考的力量是怎样帮马克思摆脱痛苦的?

文明既是人类前进的动力，更是套在人们头上的锁链，而文明的每一次进步，在给人类带来一些益处的同时，也为他们套上了新的枷锁，于是，“生来自由的人，而今无时不处在枷锁中了！”——马克思形象地把文明称之为“锁链上的花环”，他的这种思考足以使人崩溃。

与马克思同时代的几位伟大人物，的确就是因为陷入到这种痛苦中难以自拔而走向了崩溃，他们作为那个时代最文明的人，却深刻地批判着那个时代的文明，最终，猛烈的思想摧毁了他们的肉体，这其中就包括尼采与荷尔德林[1]。与马克思不同，尼采和荷尔德林是独自承受着思想的压力，孤独地生活在没有丝毫温暖与快乐的世界上，直至陷入疯狂。

与他们相比，马克思简直是太走运、太幸福了，命运之神仿佛从一开始，就分外眷顾特里尔的这位英俊少年。

从少年时代起，马克思便得到了特里尔城最美丽的姑娘的青睐，而这个美若天仙的姑娘，这位令特里尔全城瞩目的上层社会舞会上的皇后，她的名字叫燕妮。

燕妮出身于一个更为“高大上”的家族，她的奶奶和爷爷，分别是英国和布伦瑞克公国的大贵族，而且，这两位还是在战场上相遇、定情的——这足够浪漫吧？

如果欧洲“三十年战争”造成了威斯特伐利亚体系，那么，随后的英法“七年战争”（1756—1763）则成就了燕妮的爷爷和奶奶的姻缘。

在这场战争中，布伦瑞克公国加入英国一方对法作战，后来成为了燕妮爷爷的菲利普，则作为布伦瑞克公爵的私人秘书亲临战场，在前线，他邂逅了前来劳军的英国伯爵小姐燕妮·威沙特，而威沙特的姐夫那时正担任着英军的总司令。

燕妮·威沙特是阿盖尔郡伯爵小姐，阿盖尔家族是英国王室的重要成员，马克思后来在《福格特先生》一文中曾经说，他夫人的一位祖先阿契波德·阿盖尔伯爵在英国资产阶级革命前被詹姆斯二世处死了。当年，前来劳军的燕妮·威沙特戴着一枚嵌有家族徽章的戒指——后来，这枚戒指传给了马克思的夫人燕妮。

实际上，马克思的夫人叫燕妮，马克思夫人的祖母也叫燕妮，马克思的大女儿还是叫燕妮，而对我们中国人来说，这实在是一件容易搞糊涂的事情。

马克思的夫人燕妮，姓冯·威斯特华伦，带“冯”字的是大贵族，燕妮的父亲路德维希·冯·威斯特华伦，曾在拿破仑时代的威斯特伐利亚区当过地方官，又在普鲁士治下的特里尔担任政府的枢密顾问，像自己的父母一样，路德维希完全是个英国人。而马克思对于莎士比亚的热爱，便是路德维希培养的结果——《共产党宣言》开篇的第一句话（“一个幽灵，共产主义的幽灵……”），灵感就来自莎士比亚的《哈姆雷特》的启发。

马克思的博士论文也是献给他岳父的礼物——当然，那时候路德维希还不是他岳父。路德维希结过两次婚，燕妮还有一个弟弟和一个同父异母的哥哥，即马克思后来的内弟，弟弟的名字叫埃德加尔·冯·威斯特华伦，哥哥的名字叫菲迪男·冯·威斯特华伦，马克思的这位大舅子，后来成为普鲁士的内务大臣。

燕妮是马克思的姐姐的发小儿，马克思像追求真理一样勇猛地、不顾一切地追求爱情，所以燕妮给他写情书时称他为“小野猪”。

大学时代的马克思一边思考蜜蜂，一边给燕妮写情诗，那时，他们几乎每天通信。为了马克思，这位特里尔上层沙龙里、舞会上的皇后义无反顾地退出了社交圈，马克思那些字句滚烫的信，成为她唯一的精神寄托。

1843年6月，马克思和燕妮结婚了。25岁的新郎马克思去了科隆，在那里找到了自己人生第一个职业：编报纸——这就是《莱茵报》。

在《莱茵报》的投资合伙人中，产生了普鲁士政坛上的许多大人物，其中最著名的是**卢道夫·康普豪森**[2]，马克思在金融资本方面所展现出的才华，令他钦佩、难忘，于是，卢道夫·康普豪森在1848年3月被任命为普鲁士总理后做的第一件事，就是延揽马克思入阁。康普豪森非常希望马克思能够出任财政部长或普鲁士银行行长。

这就是新婚燕尔的卡尔·马克思博士，他的父母有万贯家产，岳父是贵族高官，他娶了一位美若天仙的男爵小姐为妻，而他的朋友也都是达官贵人，至于他自己，不但博学深思，还有一份报酬丰厚的工作，在他面前，灿烂的前程如平坦的大路一般展开。沿着这条平坦的大路，卡尔·马克思博士，他本来应该成为“马克思部长”、“马克思行长”，最不济也会成为“马克思教授”。

毫无疑问，马克思出身于统治阶级，更严格地说，他出身于统治阶级的最上层。因此，他没有任何理由去憎恨和反抗统治阶级，他更没有任何理由因为这种憎恨，亲手毁掉自己如大路一样平坦的锦绣前程。

而燕妮恐怕就更是如此了，特里尔上流社会舞会上的皇后，理所当然地可以像今天的威廉王妃那样嫁入皇室，实际上，她本人就出身于皇室家族。

这样的家世、这样的婚姻、这样的锦绣前程，简直是为童话里的主人公准备的，但是，这一切确实是命运原本为燕妮和马克思准备和安排好了的。

但马克思和燕妮却清醒地拒绝了这个童话，也许人们会说他们不够理智，但对他们而言，在理智之上还有情感与信仰。对于他们来说，个人享乐是低级的幸福，而高尚的幸福是为大多数人谋幸福。毫无疑问，他们的选择与现时代流行的时尚格格不入。马克思和燕妮，他们与尼采和荷尔德林一样，不肯与那种流行的时尚做分寸的妥协，而尼采和荷尔德林最终都发疯了，但马克思与燕妮，却是完全清醒地携手走过了一生。

为了忠于自己的情感、忠于自己的信仰、忠于自己的思想，为了忠于自己的纯粹——马克思和燕妮可谓壮丽地

正当马克思为思考人类历史问题痛苦的时候，有一个人走进了马克思的生活，那就是燕妮。燕妮帮助她的“小野猪”马克思摆脱了痛苦，也让马克思更加有斗志，不仅编了《莱茵报》，还在蜜月期写下了《黑格尔法哲学批判》手稿。爱情的力量果真很伟大啊！

背叛了只有上流社会才能独享的“文明”，因为这种“文明”，实际上是建立在大多数人受苦受难基础上的野蛮。他们也就是这样背叛了自己所属的阶级，随之抛弃了应得的荣华富贵，而等待他们的则是四处流亡、儿女夭殇。昔日的家产万贯的富家子沦为了求乞者，而风华绝代的贵族小姐，为了一口面包却不得不反复典当祖母的婚戒——而他们这样做，为的仅仅是把“他人”从受苦受难中拯救出来，为的是使“他人”也能享受“文明”。

马克思是在清醒而不懈的工作中度过了战斗的一生、真实的一生，而马克思一生最重要的精神支柱就是燕妮。毫无疑问，恩格斯总是出现在马克思最为困难的时刻，但燕妮却与马克思分担着分分秒秒的艰辛。

马克思、恩格斯和燕妮，离开了这三个伟人中的任何一个，人类解放的学说都是完全不可想象的。

人们总以为马克思和恩格斯那种共产主义者一辈子都在战斗，他们的理论充满了阳刚之气，而这样的“堂堂男子汉”与多愁善感，与女性的柔情，与爱情似乎扯不上关系。甚至还有人以为，如果有人把马克思主义与“爱情”、与爱情的甜蜜和痛苦扯上关系，那便是对马克思主义的亵渎和污蔑。

这些人大错特错了！只要读一读马克思写给燕妮的情诗，只要读一读马克思与朋友们之间的通信，只要读一读当幼子死在自己怀中后马克思写给恩格斯那痛彻心扉的告白，你就会知道马克思是怎样一个深情似海的人。

卢梭说，一个人，当他长成英俊少年的时候，就会第一次去爱一个与自己完全没有血缘关系的人，而一个真正懂得什么是“爱”的人，则会为了爱人之所爱，牺牲自己的一切。卢梭说，这就是人间最伟大的爱情，是人之为人的东西，而这种爱，就是“博爱”——而这才是人类文明的真正基础。

因此，一个不懂得什么是“爱”的人，一个没有高尚情操和信仰的人，是绝不会懂得什么是马克思主义的，正因为像“斯巴达母亲”和她的儿子们一样，支持马克思主义者成为英勇无畏的男子汉和战士的东西，并不是别的什么，而正是博大的爱，正是人类相濡以沫的深情。

马克思主义不仅是科学，因为马克思主义更是信仰。

“升官发财，行往他处；贪生怕死，勿入斯门。”——正是这种伟大的爱、这种英勇无畏的爱，才是马克思主义学说历经风雨洗礼，而在一代又一代英俊少年中焕发出不竭生命力的根源。

1

弗里德里希·荷尔德林（1770—1843），德国著名诗人。古典浪漫派诗歌的先驱，曾被世界遗忘了将近一个世纪。图宾根大学神学院毕业，当过家庭教师，爱上了雇主的妻子。小说《希波琳》(1797—1799) 是以她为模特儿创作的。1798 年后，因情场失意，身心交瘁，处于精神分裂状态，1802 年徒步回到故乡。1804 年在霍姆堡当图书管理员。1807 年起精神完全错乱，生活不能自理。代表作有诗歌《自由颂歌》、《人类颂歌》、《致德国人》、《为祖国而死》等。

2

卢道夫·康普豪森（1803—1890），德国政治家和银行家，莱茵省自由派资产阶级的领袖之一；1834 年起任科隆商会会长，莱茵报社股东和《莱茵报》撰稿人；1843 年起为莱茵省议会城市等级的代表，普鲁士首相（1848 年 3—6 月），后为第一议院议员；普鲁士驻中央政府的使节（1848 年 7 月—1849 年 4 月），北德意志联邦国会议员。

8

法的基础是“人”还是“商人”？

1843 年的 3 月到 9 月，25 岁的马克思写下了《黑格尔法哲学批判》这部手稿，这是他度蜜月期间的作品。

值得一提的是：马克思一开始写作的目的，就是为了享受探寻真理的快乐，所以，他并没有发表这部手稿的打算。实际上，马克思一生总是反复强调，写作的目的“是为了解决使我苦恼的疑问”，“目的不是为了付印”，即使对于自己全部的经济学研究，特别是《资本论》，马克思也一向采用这样的态度。

什么是这篇手稿的主题呢？这篇手稿的主题是“法”。

法是社会的规则，而问题只在于“法”是什么，“法”应该建立在什么基础上。

马克思的专业就是法学，他最初上的是波恩大学。普鲁士当局设立这所大学的目的，本是希望来自莱茵中上层家庭的年轻人，通过格式化教育以及东部省份贵族学生的影响，能被转化为地方上忠实的精英分子。不过事与愿违，一旦把两拨血气方刚的年轻人放在一起，造成的结果可能就是火并。

由于政治活动被普鲁士严格压制，莱茵人只能通过打架的方式来表达对普鲁士当局的满腔愤懑，波恩大学就这样一度成为了严重对立的东西部青年的角斗场，而马克思因为打架勇敢，遂被推为莱茵学生的领袖。1836 年，当校园武斗由拳脚交加发展到佩剑决斗时，马克思的父亲不得不下定决心，把自己好斗的儿子转学到了遥远的柏林大学。

出乎意料的是，马克思进入柏林大学不久，便被黑格尔的学说迷住了。老马克思绝望地发现，那个每逢打架必冲锋在前的“小野猪”消失了，取而代之的却是每天“浑浑噩噩、盲目看书、在昏暗的油灯前做无聊的思考；不再提着酒壶和佩剑疯跑，而改为不修边幅地穿着学士袍狂奔”的哲学家（见父亲给马克思的信）。也许老马克思一辈子都没搞清楚的问题是：黑格尔的法哲学与儿子需要学习的法律之间，究竟有什么必然联系？

实际上，大多数人都像马克思的父亲一样不清楚法哲

马克思进入柏林大学不久，便被黑格尔的学说迷住了。老马克思绝望地发现，那个每逢打架必冲锋在前的“小野猪”消失了，取而代之的却是每天“浑浑噩噩、盲目看书、在昏暗的油灯前做无聊的思考；不再提着酒壶和佩剑疯跑，而改为不修边幅地穿着学士袍狂奔”的哲学家。黑格尔的学说到底拥有怎样的魔力使青年马克思发生如此巨大的变化呢？

学、法理学与法律学这三科之间的关系究竟是什么，因为法哲学是黑格尔独创的一门学问，在世界的其他大学里，几乎没有这门课程，而使马克思着迷的，恰恰就是“黑格尔这一派”的独门武功。

我们只需记住：德国意义上的法学，首先就是指法哲学，而不是全世界四处流行的法理学和法律学。那么，它们之间的区别究竟是什么呢？简而言之，法理学和法律学认为：法律的目的是为了维护、实现个人的利益和权利的最大化，而法哲学则认为：法是宇宙秩序的体现，社会秩序的合法性的基础，是宇宙的秩序。

正因为法哲学和法理学、法律学不是一回事，因此，在德国，学习法学的“第一流人才”往往选择当教授，而第二流人才则选择当国家公务员，只有最差劲的才去当律师。而这种风气的形成，就肇始于黑格尔在柏林大学开讲《法哲学原理》。

老马克思本来希望儿子当律师或者公务员，但是，自从接触到黑格尔学说，马克思便坚定地把“学者”作为自己人生职业的首选。黑格尔对马克思的影响，可谓是决定性的。

黑格尔《法哲学原理》的重心其实是第三篇《伦理》，

因为这是从市民社会出发去讨论什么是法。黑格尔说，“伦理”是各个民族风俗习惯的结晶，因此，伦理是“不成文的法律”，一切现实中的法律，都必须以伦理为基础才能建立起来。

黑格尔还说，伦理就像生命体一样，是会成长发展的，而它的发展有三个阶段：第一阶段是家庭，家庭代表“血亲之爱”；第二阶段是市民社会，它代表“对自我的爱”；第三阶段是国家，它代表对民族共同体的爱，即代表“博爱”。

那么，在《黑格尔法哲学批判》中，马克思究竟是怎样批判黑格尔的呢？

黑格尔说，德国的法应该建立在普鲁士民族伦理的基础上，但是，究竟什么是普鲁士的伦理呢？马克思指出，这种伦理无非就是基督新教的伦理罢了；那么，什么是基督新教伦理的实质呢？基督教伦理的实质就是个人主义。因此，当黑格尔在《法哲学原理》中声称“法”必须建立在“伦理”的基础上时，他其实是说：法律只能建立在自私自利的“个人”的基础上。黑格尔所说的法，就是维护个人利益和私有产权的手段，这种“法”绝不是把人们联系起来的纽带，而是对于共同体的瓦解。

尼采说，新教伦理就是商人的伦理，因此，黑格尔法哲学的实质可以概括为："任何事物都有它的价格"，"所有的东西都是可以清偿的"，这是正义的最古老和最天真的道德戒律，是地球上一切"善行"、"公允"、"好意"，以及"客观性"的开端。

马克思说，"宗教是人民的鸦片"，当黑格尔说宇宙的秩序就是上帝的爱时，他没有说家庭里不但有爱，也有家长制，市民社会里的爱就是让人只爱自己，而不顾他人，国家并不是抽象的博爱，而是统治者压迫的工具。

人类社会不是建立在抽象的爱的基础上，而是建立在物质的生产与再生产的基础上，"吃喝住穿"构成了现代文明的基础上，而承担这项公共事业的就是无产阶级，但是，无产阶级在这个世界上得到了爱吗？没有。

于是，《黑格尔法哲学批判》这样宣告：

无产阶级宣告**迄今为止的世界制度的解体**，只不过是揭示**自己本身的存在的秘密**，因为它就**是**这个世界制度的**实际解体**。无产阶级要求**否定私有财产**，只不过是把社会已经提升为**无产阶级**的原则的东西……提升为**社会的原则**。

【马克思，恩格斯.《马克思恩格斯文集》（第一卷），北京：人民出版社，2009:17.】

《黑格尔法哲学批判》是马克思25岁时所写的作品，那么，其中的思想对于今天究竟有什么启发意义呢？

举例来说，2014年10月23日颁布的《中共中央关于全面推进依法治国若干重大问题的决定》里面，有这样两个重要论断：第一个是“法律是治国之重器，良法是善治之前提。”这句话表明，我们是从法哲学的高度——即追求“良法”与“善治”的角度，而非仅从刑名责罚的角度去阐述法的精神的。第二个是“国家和社会治理需要法律和道德共同发挥作用。”这一句则清楚地表明，必须把法建立在公民道德的基础上。

这两个核心论断，实际上都来源于马克思《黑格尔法哲学批判》所开创的新的法学传统。这部作品的革命意义，至今没有丝毫的削弱。

9

为什么马克思自称是黑格尔的学生，又反过来批判黑格尔呢？

《黑格尔法哲学批判》虽然只是一部手稿，它却奠定了马克思主义经济学的基础。而其中最为重要的是：马克思把黑格尔关于主人和奴隶之间关系的辩证思考，转变为资本与劳动之间关系的辩证思考。

实际上，马克思所做的，就是把黑格尔那些谜语一样的话，翻译成大家都能懂的语言；或者说，是把德语译成了法语，当然，在这个过程中，也不可避免地使法语带有了德国的色彩。

例如，黑格尔说，“精神的自我运动产生精神”；马克思指出，这句话的意思就是：钱能生钱，资本投资能产生利润。再比如，黑格尔说，历史的发展是主体和客体的斗争，是主体支配客体；马克思则指出，这里是指资本与劳动之间的斗争，资本支配劳动。

马克思为什么说黑格尔哲学是“头足倒置”的呢？其实，这无非是说：那种哲学不过是普鲁士畸形发展的经济的写照。

什么是资本呢？“资本”这个词的原意就是“头脑”（caput），与之对立的则是“躯干”（corps），而“头足倒置”这句话，只有放到普鲁士具体的语境中才能得到理解——当时的普鲁士经济，已经为以罗斯柴尔德家族为首的金融资本集团所控制，金融炒作和虚拟经济压倒了实体经济的发展，而德国工业发展落后于英法等国，莱茵的工商业被压制，根本原因就在这里。

因此，在马克思看来，黑格尔所鼓吹的“德国道路”，不过代表着一种畸形的资本主义发展方式，而这就是他所谓的“买空卖空、票据投机以及没有任何现实基础的信用制度”，所谓“头足倒置”，就是这个意思。

但马克思同时又指出：正是在德国唯心主义，特别是在黑格尔哲学中，埋藏着资本主义运动的逻辑和秘密。

马克思在现代资本主义条件下，发展了黑格尔关于“主人—奴隶”的学说。黑格尔说，主人需要奴隶，是因为他需要“物质”；而奴隶需要主人，是因为他需要“精神”。而马克思则说，正如在古代社会，“主人”因为掌握了“精神”（宗教、文字和法律）而支配奴隶那样，在现代资本主义条件下，

马克思认为，黑格尔学说是对资本主义世界最抽象的表述，要批判这个世界，就必须批判黑格尔，但要切实地了解这个世界，却离不开黑格尔的学说。这就是他一面批判黑格尔，同时又自称是黑格尔的学生的原因。

资本家因为掌握了“资本”（头脑）而支配着“劳动”（躯干）。

因此，资本推动世界、资本创造历史这种逻辑，就植根于黑格尔的精神推动世界、精神创造历史的唯心主义体系，而仅靠**亚当·斯密**[1]那种立足于商品交换的小市民的唯物主义，则是根本不可能了解资本主义的。

马克思固然是用现实中生产与交往着的人，代替了黑格尔的“精神的人”。但是，马克思也清醒地认识到，资本主义社会的基本特征，它的运行逻辑，恰恰就是黑格尔所描述的那个样子：是“精神的人”在支配着“现实的人”，所谓“运动”就是“精神”的自我复制、自我创造和自我生成，只不过在那里，“精神”采用了“资本”的形式罢了，因而，“精神的运动”，也无非就是指资本的自我循环和自我积累，就是“钱能够生钱”，于是，它方才表现为“虚拟经济”对于“实体经济”的支配，金融资本对于商业资本和工业资本的支配，表现为一小撮金融资本家对于世界的支配。

实际上，资本主义世界并没有走出黑格尔的咒符。黑格尔学说，正是对资本主义世界最抽象的表述。

“青年黑格尔派”无论从思想上、言论上怎样批判黑格尔，都是完全没有用的，因为现实的资本主义世界，恰恰是按照黑格尔的逻辑运行着、“头足倒置”地存在在那里。

在思想和言论上批判和超越黑格尔是容易的，但是，要超越黑格尔的思想所代表着的现实制度，仅靠思想和言论上的批判却是完全无济于事的。于是，在《〈黑格尔法哲学批判〉导言》里，马克思说了如下著名的话：

批判的武器当然不能代替武器的批判，物质力量只能用物质力量来摧毁；但是理论一经掌握群众，也会变成物质力量。理论只要说服人［ad hominem］，就能掌握群众；而理论只要彻底，就能说服人［ad hominem］。所谓彻底，就是抓住事物的根本。但是，人的根本就是人本身。【马克思，恩格斯．《马克思恩格斯文集》（第一卷），北京：人民出版社，2009:11.】

马克思认为，黑格尔学说是对资本主义世界最抽象的表述，要批判这个世界，就必须批判黑格尔，但要切实地了解这个世界，却离不开黑格尔的学说。而这就是马克思批判了黑格尔，却又在《资本论》序言中赞美黑格尔，且坚称自己是他的学生的原因。

1

亚当·斯密（1723—1790），苏格兰著名经济学家，被称为“现代资本主义之父”，代表作《国富论》中首次提出市场是“看不见的手”的著名观点。

10

什么是共产主义呢？

1844年4月至9月，26岁的马克思写下了著名的《1844年经济学哲学手稿》，这篇手稿第一次从“人的解放”的角度，谈到了共产主义。

在这里，马克思第一次对“国民经济学”进行了批判，他说，支配现代社会的，并不是表面上的法律，而是“国民经济学”所标榜的“经济规律”，按照这样的“经济规律”，统治这个社会的是有钱人，而工人不是人，只是用来赚钱的工具。

但是，随着生产与消费的扩大，实际上已经没有人能够用自己的钱来经营现代产业了，而这就意味着，所谓的“私有制”其实已经解体了，资本家之所以能够经营产业，乃是因为他们掌握了信贷。马克思说，“信贷是对一个人的道德做出的国民经济学的判断”，而在资本主义社会里，道德可以用钱来买，于是富人就被看作有道德、有信用的人，

什么是共产主义？马克思说，共产主义就是人们在劳动和交往中主动地创造自己的文明和历史的自觉行动，这样的行动将导致公共财富的不断壮大。这种共产主义就是人类文明发生、发展的基础。

资本家因此垄断了信贷。

什么是共产主义呢？马克思说，要了解共产主义，首先要分清“财产”与“资本”之间的区别。一方面，财产转变为“投资”才是“资本”，另一方面，资本是货币化的信用，在资本主义条件下，信用体系是为少数资本家所掌握的。因此，共产主义不是简单地消灭私有财产，而是“把资本变成公共的”。是要把资本从少数资本家的垄断中解放出来，使劳动者掌握资本，使资本为劳动服务。

后来，马克思和恩格斯在《共产党宣言》中更明确地说：

因此，把资本变成公共的、属于社会全体成员的财产，这并不是把个人财产变成社会财产，这里改变的只是财产的社会性质，它将失掉它的阶级性质。

共产主义的特征并不是要废除一般的所有制，而是要废除资产阶级的所有制。【马克思，恩格斯.《马克思恩格斯文集》（第二卷），北京，人民出版社，2009：45-46.】

现实的共产主义行动，需要政治上的动员。**亚里士多德**[1]在《政治学》中提出，所谓政治组织，就是指那种旨在促进集体福祉的组织，而法律的目的，就在于促进人的公德，而好的政治制度，无非就是两者相加：即既能促进集体福祉，又能促进人的公德的制度。他说：

（但是）城邦不仅为生活而存在，实在应该为优良的生活而存在。假如它的目的只是为了生活（生存），那么，奴隶也可能组成奴隶的城邦，野兽或者也可以有野兽的城邦，然而在现在我们所知道的世界中，实际上并没有这类城邦，奴隶和野兽既不具备自由意志，也就不会组织那种旨在真正幸福的团体。……可是，凡订有良法而有志于实行善政的城邦就必须操心全邦人民生活中的一切善德与恶行，所以，要不是徒有虚名，而真正无愧于一“城邦”者，必须以促进善德为目的。不然的话，一个政治团体就无异于一个军事同盟，……如果不是这样，法律也就无异于一些临时的合同，……法律只是“人们互不侵害对方权力的（临时）保证”而已——，而法律的实际意义却应该是促成全邦人民都能进于善德和正义的（永久）制度。【亚里士多德.《政治学》，北京：商务印书馆，2014:140-142.】

如果从亚里士多德上述的观点看去，那么，最大的讽刺就是：资产阶级社会恰恰是对“公共事业”和“公德”

完全不感兴趣的社会，也正是从这个意义上说，现代资产阶级社会就是一个没有“政治”的社会。而马克思说，这正是现代社会的危机所在。

在这个社会里，人们为什么会对政治越来越不感兴趣呢？这就是因为“公共事业”和“公德”彻底败坏了，从而使得“政治”得以立足的这两个基础被瓦解了。在万物私有化的进程中，政治变成了私人的勾当，甚至成为了一桩牟利的生意。法律不是以公民道德为基础，而是以实现个人利益最大化为目的，如今，甚至连头顶红十字的医院，也成了某些人敲诈病人的场所。传统社会固然也存在着统治者的腐败，但是，像现代资本主义社会这种建立在唯利是图基础上的“全民腐败”、“全社会腐败”，却是历史上从来没有出现过的。

这不仅是一个没有政治的社会，更是一个没有爱情的社会，因为爱情与政治一样，它生存的基础也被瓦解了。

在**“巴黎手稿”**[2]的结尾，马克思说了一段很能打动年轻人心灵的话。马克思说，爱情是人类最美好的交往活动，是人类“在精神和肉体上互相创造”的交往活动的最完美的体现，正像不能用钱来交换信用与美德一样，也不能用钱来交换爱。从这个意义上说，共产主义不是别的什么，共产主义就是人类爱情的真正基础，如果这种美好的交往方式也被腐化了，那么人类生存的土壤就被沙化了：

我们现在假定**人**就是**人**，而人对世界的关系是一种人的关系，那么你就只能用爱来交换爱，只能用信任来交换信任，等等。如果你想得到艺术的享受，那你就必须是一个有艺术修养的人。如果你想感化别人，那你就必须是一个实际上能鼓舞和推动别人前进的人。你对人和对自然界的一切关系，都必须是你的**现实的个人**生活的、与你的意志的对象相符合的**特定表现**。如果你在恋爱，但没有引起对方的爱，也就是说，如果你的爱作为爱没有使对方产生相应的爱，如果你作为恋爱者通过你的**生命表现**没有使你成为**被爱的人**，那么你的爱就是无力的，就是不幸。【马克思，恩格斯.《马克思恩格斯文集》（第一卷），北京：人民出版社，2009:247-248.】

马克思在这里所说的，其实是现在的年轻人——生活在商品经济条件下的年轻人，在谈恋爱时都会遇到的问题：你究竟是要找一个有思想、有魅力、有道德情操、懂得爱的人呢，还是要找一个“有购买力”的人呢？因为现在也流行一种说法，它讲到了什么是幸福与不幸，这个说法是：宁肯坐在宝马车里哭，也不坐在自行车后面笑。

实际上，与共产主义、社会主义事业的挫折接踵而至的是：我们今天终于迎来了一个“不谈爱情”的时代。

什么是共产主义呢？或许我们可以这样说：如果有一天，你对现代政治感到厌倦；如果有一天你问自己，为何到哪里都找不到真正的爱情；如果有一天你问自己，为什么我们总是控制不住赚钱、出名、攀比和支配他人的欲望；如果你发现自己不过是赚钱的工具而已；如果你终有一天发生了“人生和我们的世界究竟有什么意义”的疑问——那就去读读《1844年经济学哲学手稿》吧，你会知道共产主义并不遥远，而马克思的书，本来就是为你而写的。

1

亚里士多德（公元前384—公元前322），古代先哲，古希腊人，世界古代史上伟大的哲学家、科学家和教育家之一，堪称希腊哲学的集大成者。他是柏拉图的学生，亚历山大的老师。马克思曾称亚里士多德是古希腊哲学家中最博学的人物，恩格斯称他是“古代的黑格尔”。

2

《1844年经济学哲学手稿》是马克思于1844年初步探索政治经济学时写下的一部手稿。19世纪40年代，当时马克思（26岁）流亡在巴黎，写下这批手稿，所以又称“巴黎手稿”。

11

马克思与恩格斯
是完全一致的吗？

在巴黎，以“人类史”为研究对象的马克思编辑了一本叫《德法年鉴》的学术杂志，立志从经济史出发研究人类历史。后来以《经济与社会史年鉴》著称的“经济史的年鉴学派”，就是马克思开创的。

在这本杂志的作者当中，有一个年轻的企业家——23岁的弗里德里希·恩格斯也来投稿，马克思很喜欢那篇稿子，这就是《国民经济学批判大纲》。马克思在《1844年经济学哲学手稿》的开头，就热情地推荐了这篇文章。

1844年8月，马克思与恩格斯在巴黎的**范尼大街**[1]上一家最著名的咖啡馆见面。那个咖啡馆，伏尔泰来过，卢梭来过，拿破仑也来过，当然，最重要的是，两位伟大的革命导师在此相遇。

如今，这家咖啡馆还在那里，是范尼大街的地标。

马克思和恩格斯见面的这家咖啡馆不仅是欧洲重要人物和学者会面的地方，而且也是国际象棋比赛的发源地，很多重要的象棋比赛都在这里举行。

他俩相见恨晚。恩格斯后来回忆说：“当我 1844 年夏天在巴黎拜访马克思时，我们在一切理论领域中都显出意见完全一致，从此开始了我们共同的工作。”

但实际上，他俩在很多方面都是不一致的，这是两个风格、气质完全不同的人，更确切地说，恩格斯几乎是一个完人，而马克思则并非常人。

无论用当时还是现在的标准看，恩格斯无疑都是一个真正的“富二代”、成功的企业家，马厩里有良驹，沙龙里有美女，酒窖里有美酒，能够把所有的生活琐事安排得井井有条，一边赚钱一边替无产阶级呼吁。恩格斯在各方面都是严格“有计划”的，而马克思并不是这样的人，马克思是一个把自己的生活搞得乱七八糟的人，马克思的工作永远是创造性的，因而总是没有计划——真正的天才大概都是这样的。实际上，“天才”马克思与自谦“有点才能”的恩格斯对资本主义的分析，以及对什么是社会主义的理解都是非常不同的。

在恩格斯看来，资本主义的弊病就是生产与交换的“无政府”，资本主义就等于市场经济，资本家就等于企业家。要救治这种无政府状态，就需要国家对市场的干预、规制和管理。国家计划的社会主义模式，实际上就是由恩格斯创造并提出的。

而对马克思来说，资本主义制度毫无疑问是一种严密的组织形式，而这种组织就是“资本”对于生产与交换的组织，但这却是人类历史上最被动的组织形式——赚钱的组织，这种“被动性”已经化作为金钱和资本的奴役，深深地扎根于人们的内心之中，使人人皆为金钱的奴隶。资本主义的弊端当然不是市场经济，而是少数人通过资本垄断对社会生产力的支配。比起那些垄断了资本进而支配社会生产力的金融大鳄，恩格斯这种企业家只不过是社会生产组织中的一分子。

马克思人生中的另外一位重要人物——恩格斯出场了。这两位伟人的会面注定要创造一个新时代。而如此重要的两位人物却有两种完全不同的性格和人生，一位是真正的天才，一位是务实的“富二代”。天才和“富二代”的超级组合果然划出了一个时代，那就是：天才 +“富二代”=《共产党宣言》+《资本论》+……

资本家并不等于企业家，实际上，一切资本主义企业都是“负债经营”的，在企业家的头上挥舞着皮鞭的，是大股东和债权人无情的手，而马克思这样的知识分子和恩格斯这样的企业家，都可以看作“劳动人民的一部分”。

马克思认为：资本主义制度的基本矛盾，乃是人们受奴役的、被动的联合，与“自由的联合体”之间的矛盾，而不是恩格斯所说的“国家与市场”的矛盾——因为国家计划经济，同样是一种被动的经济组织形式。

我们研究马克思，必然会遭遇到的第一个麻烦就是：马克思去世后，恩格斯把他俩的著作混编在了一起，“马克思主义”在很大程度上是由恩格斯和苏联的布尔什维克们总结出来的，从而给人造成的印象是：马克思和恩格斯是没有区别的，但事实上绝非如此。

他们之间的区别也包括写作态度上的不同。对恩格斯来说，写作的目的就是为了发表并产生影响，最好是产生轰动；对马克思而言却并非如此，在马克思看来，写作不过是面对和解决自己提出的问题，至于是否发表则几乎是无所谓的事情。不过，自从他们相遇伊始，恩格斯便不断地监督马克思工作：赶快干吧，天才！赶紧把你的东西写出来！更重要的是，立即制定一个时间表，迅速地、有计划地把你写的东西刊发出来!

1844 年 10 月，他们见面后不久，恩格斯就给马克思写了一封信，以命令的口吻说："你要设法把你所收集的材料公布于世。早就是这样做的时候了。"但是，如果马克思能够为自己规定一个时限去完成什么事，就不是马克思了。马克思不是为了发表而写作的，他的著作往往是停留在手稿阶段，恩格斯对他的希望是无法实现的。实际上，要等到二十多年之后，《资本论》的第一卷才最终付印。

他们的合作起初也并不顺利，以至于写下了马克思主义经典中最乏味的作品，但是，有一部没有写完的著作《德意志意识形态》，最终成为了伟大的经典，而正是这部经典，标志着马克思主义学说的横空出世、正式诞生。

《德意志意识形态》这部经典著作，是马克思和恩格斯于 1845—1846 年 5 月期间共同撰写的。当时的马克思只有 28 岁，而恩格斯比马克思还小两岁半，其时还不到 26 岁。

马克思和恩格斯后来那两张蓄满胡须的"标准照"给我们造成的错觉是——只有长得像圣诞老人那样的人，才配称为"革命导师"，而实际上这完全是错觉。两位革命导师是在二十几岁的时候，便提出了他们关于人类社会发展规律的科学理论，这完全就是一个人间奇迹。

在这部手稿中，马克思和恩格斯究竟共同创造了什么呢？当然，他们共同创造了马克思主义学说。而真正的问题是：究竟什么是马克思主义呢？

简而言之，马克思主义就是关于“人类社会发展规律”的学说。马克思和恩格斯所研究的东西，就是他们自己所说的“人类史”。而这就体现为《德意志意识形态》这部手稿上被涂改掉的一段话：

我们仅仅知道一门唯一的科学，即历史科学。历史可以从两方面来考察，可以把它划分为自然史和人类史。但这两方面是不可分割的；只要有人存在，自然史和人类史就彼此制约。自然史，即所谓自然科学，我们在这里不谈；我们需要深入研究的是人类史，因为几乎整个意识形态不是曲解人类史，就是完全撇开人类史。意识形态本身只不过是这一历史的一个方面。【马克思，恩格斯 .《马克思恩格斯文集》（第一卷），北京：人民出版社，2009:516，519.】

正是在这篇划时代的文献里，马克思和恩格斯第一次采用了这样的表述：“生产力”与“生产关系”的矛盾对抗，推动着社会不断变革。或者更简短地说，人类社会发展的基本矛盾，就是生产力与生产关系之间的矛盾。

为什么说《德意志意识形态》是划时代的伟大作品呢？因为自从马克思和恩格斯提出上述命题之后，人类观察自己和观察自己历史的方式便焕然一新了，历史便不再是盲目的历史了。

比如说，几千年来，我们中国人观察自己历史的方式就是“忠孝节义”这种普遍的观念、这些“意识形态”。一部《资治通鉴》，固然写得天花乱坠，也不过总是在这四个字里打圈圈而已，而我们对自己历史的理解，其实也就是在这四个字里面打圈圈。因此，毛泽东方才这样说，自从我们学习了马克思主义，中国的面貌就焕然一新了，而我们对自己历史的理解也焕然一新了。

在这篇书稿里，马克思和恩格斯再次提出了“共产主义”这个命题，而这一次却是从人类发展史的角度，从科学的角度提出的。简而言之，在这里，这样的共产主义可以归结为一句话：建立一种与“全球生产力”相适合的生产关系、全球交往方式。

马克思和恩格斯认为，共产主义的可能与否，就取决于以下两点：第一，全世界劳动者建立在互相信任、互相依赖基础上的主动的政治联合。第二，建立在全世界劳动者互相信任基础上的、全新的“信用体系”，以取代资本家对于资本和现有的国际信用体系的垄断。

《德意志意识形态》表明，马克思和恩格斯在研究人类史的基本方法、基本原理方面是一致的，马克思与恩格斯的确是“联手创造”了关于人类解放的科学理论——尽管他们并非在每一个学术观点上都是完全一致的。

1

范尼大街（rue Vanneau），也有人译作“田凫街”，位于巴黎最时髦的法布圣日耳曼区。

12

为什么说苏联版的社会主义是不成功的，西方的资本主义也是不成功的？

1848 年初，马克思和恩格斯在布鲁塞尔写了一个广告传单一样的小册子，这就是《共产主义宣言》，也被称为《共产党宣言》。这是他们为即将成立的“共产主义者同盟”写的纲领，后来，它成为了世界上被阅读得最多的一本书，是全世界劳动者的“圣经”。

值得一提的是，最初承担纲领起草任务的并不是马克思，而是恩格斯。恩格斯拟定的题目也不叫《共产党宣言》，而是《共产主义原理》。他还天才地采用了自问自答的方式，一口气给文稿设置了 25 个问题。但由于每个答案都各不相同，结果文章越写越长，问题越扯越远，以至于回答到第 4 个问题时，答案已经太长了，根本就不像是问答了。到此为止，28 岁的恩格斯只能承认能力不济、气力不支，而到了这一步，他就只能求助于马克思了。

时年30岁的“大哥”马克思半途接手了这项工作，他知道自己必须完全重写，但是他的“拖延症”又犯了，以至于共产主义者同盟中央委员会于1848年1月末发出了一封“鸡毛信”，以半央求半警告的口气告诉马克思：如果他一周内还不能把文稿邮寄过来，那精心准备的大会就可能告吹了。

我们可以想象一下马克思工作时的情景：隆冬的布鲁塞尔，在一间租来的简陋公寓里，他时而奋笔疾书，时而突然停笔，起身绕着书桌踱步，然后划掉前面写下的一些内容，再次重新起笔，在稿子上留下左撇子难以辨识的字迹，他英俊的面容因为劳累而憔悴，乌黑的发须间已经显露出灰白的颜色。马克思就这样不断工作，不断修改，夜以继日。

马克思的反复修改是有道理的，因为他最终写出的是人类历史上最灿烂的华彩乐章。

什么是《共产党宣言》的基本结构呢？它的基本结构是这样的：《共产党宣言》对人类史、对“时间”的叙述，烘托的是“生产力”发展这条主线，而对世界、对“空间”的叙述，则是以人们“交往方式”的扩展为主线展开的。

这样的大手笔，在此前的人类文明史上的确从来没有出现过！

更重要的是，马克思以此阐述了一个划时代的真理，他说："战争本身是一种通常的交往方式。"而欧洲正是通过旷日持久的军阀混战，锻造出军商合一、资本与强权联合的制度，凭借这一利器，欧洲以大炮开拓出世界市场，而所谓资本主义制度，便产生于向海外殖民战争投资的金融革命，"世界市场"的形成以及"经济全球化时代"的到来，就是这场混杂着铁与火的资产阶级革命的最大成果。

马克思真理性地揭示了资本主义的历史起源，而这就是"战争与金融"，或者"暴力与资本"。

究竟怎样看待资产阶级的历史作用呢？马克思说，资产阶级把人类社会改造为了市民社会，它摧毁了人类的交往关系，用商品交换关系取而代之，交换的扩大造成了世界市场，资产阶级不能使交换停止下来，于是，它也就不能使社会运动停止下来。不停的交换、不停的变化——这就是资产阶级社会与此前一切社会的不同。

乍一看去，历史上似乎还没有哪一篇文献，像《共产党宣言》那样肯定过资产阶级的革命作用：

资产阶级在它的不到一百年的阶级统治中所创造的生

产力，比过去一切世代创造的全部生产力还要多，还要大。自然力的征服，机器的采用，化学在工业和农业中的应用，轮船的行驶，铁路的通行，电报的使用，整个整个大陆的开垦，河川的通航，仿佛用法术从地下呼唤出来的大量人口——过去哪一个世纪料想到在社会劳动里蕴藏有这样的生产力呢？【马克思，恩格斯.《马克思恩格斯文集》（第二卷），北京：人民出版社，2009:36.】

但是，面对如此庞大的生产力、如此丰富的物质涌流，人的一切活动都不可能再是孤立或者自利的了。如今，生产者不可能完全凭借自有的资金进行生产，销售者也不可能凭借自有的资金把所有的产品都买下，而消费者也不可能凭当下的收入消化如此巨大的物质涌流，于是，一切生产活动和社会交往活动都必须在一个公共的平台上进行。

这个平台是世界性、全球规模的。在这个平台之上，全世界的生产者和消费者是互相依赖的，他们的利益是休戚相关的。基于全球劳动者的共同利益，他们就必须建立与之相适应的信任关系，而在此信任关系之上，则必须建立一个全新的公共信用机制，以代替（推翻）资本家阶级对信用和资本的垄断。因为在资本为少数人所垄断的情况下，生产的组织形式是完全被动的。

如果没有与之相适应的信任关系和公共信用体系，如果没有这样一个公共平台作为基础，生产活动非但不能扩大，而且连维持眼前这样的规模都不可能，而只能停留在那种受限的、被动的、盲目的状态中。

如果你觉得《共产党宣言》的论述不好理解，那么，最简单的办法就是看看阿里巴巴究竟做了什么。除了建立一个公共平台之外，它其实什么也没做。马云并非一个马克思主义者（尽管他也姓“马”），但这并不妨碍他对《共产党宣言》作出直观的理解和领会，从而做出了一个顺应历史潮流的举措。

正如《共产党宣言》所指出的那样：“过去那种地方的和民族的自给自足和闭关自守状态，被各民族的各方面的互相往来和各方面的互相依赖代替了。物质的生产是如此，精神的生产也是如此。各民族的精神产品成了公共的财产。”

马克思指出，正是投资、生产、交换、消费的不断扩大，使得私有制不可能继续存在下去了。共产主义“并不是要废除一般的所有制”，而是要“把资本变成公共的”。

在马克思看来，经济危机发生的原因，恰在于资本主义经济是一种典型的、彻头彻尾的“私人计划经济”，与我们所理解的“国家计划经济”所不同的只是，它是少数资本家和资本家集团，根据自己的“私欲”而进行的计划，因此，邓小平方才说：资本主义有计划。社会主义与资本主义的区别既不在“市场”，更不在“计划”。

那么，社会主义经济与资本主义经济体制的最基本区别又是什么呢？

最简单地说，资本主义经济不是按照人类的需求来规划和管理的，而是由追求利润的个人欲望驱动的。不过请注意，“需求”（needs）这个概念与要求（wants）不同，“需求”是指满足人类生存和体面生活所必需的那些东西，如消除贫困、教育、健康、环保等。当然，随着时代的变化，人们的“需求”也会发生变化。而“要求”则不同，“要求”是指人们想要的东西，它可以是任何东西，可以远远超出人类生存与体面生活的需要，比如“我想要LV挎包”、“我想要奔驰跑车”，而马克思对消费的研究区分了这两个范畴：需求和要求，要求是被创造和制造出来的，是虚幻的，是强加给你的。

资本主义经济的动力来自于刺激人的要求和欲求，但实际上，只有极少数人的欲求能够得到满足，而大多数人在这种经济模式中都是失败者（loser）；社会主义经济的目标则是满足和保障大多数人的需求，但是，社会主义始终面对的挑战是：人民的“需求”会随着时代的发展而变化，而一旦考虑到这种需求具有多样性，那么，在计划和管理之外，就必须同时强调市场信号的作用。

从这个意义上说，整个世界都误解了“苏东”倒台的真正原因。西方世界一直说，苏联、“东欧”国家倒台是因为老百姓要追求民主，而这不过是一种拙劣的宣传。恰恰相反，“苏东”倒台，是因为那里的老百姓要追求更好的物质生活，驱动老百姓上街的是对多样性“需求”的向往，而不是对抽象的民主口号的向往。造成苏联垮台的原因，并非是由于意识形态口号的短缺，而是卫生纸、香肠和电视机、电冰箱的短缺，是人民对多样性的消费品的需求。“贫乏”不是一般的指缺吃少穿，而是指衣服只有一种款式，饭馆里只有一种菜单那种枯燥单调的生活。

简而言之，资本主义经济体制的先天缺陷，就在于这种制度只能满足少数人的“欲求”，而对广大劳动者基本“需求”则毫不在意。而苏联模式的社会主义之所以是不成功的，则是因为计划经济下，给人民提供的产品是简单粗糙的，而随着时代的发展，这种粗放式的供给，日益不能满足人民物质需求的多样性和变化，加之苏联的官僚主义意识形态拒斥市场，甚至认为敌人手里的“好东西”一定是“坏东西”，封闭和僵化最终导致了其在经济全球化时代的失败。

实际上，社会主义与资本主义并不总是处于你死我活的对立状态，罗斯福的“新政”充满了社会主义色彩，奥巴马也被他的反对者称为“毛巴马”，甚至被指为“毛（主义）派”，而中国的改革开放，也使利润和市场成为企业发展的导向，以此杜绝陈云当年所批评的“不是企业家办企业，而是大少爷办企业”的官僚计划经济积弊。而在长期的互相对立中，已有的社会主义与资本主义发展模式都从对方学到了自己需要的东西，从而得到了改变。

《共产党宣言》的名言是：如今各民族的历史已经汇成了“世界历史”，而在波澜壮阔的世界历史进程中，“一切凝固的东西终将化为乌有”，一切物质生产和精神生产日益变成了“公共产品”。如果说《共产党宣言》对于当今世界有什么启示，我想这就是最重要的一点。

《共产党宣言》的基本主张是：生产力发展的成果应该惠及全社会。共产党人并不是简单地反对市场交换，更不是主张消灭一切私有财产，而是主张大规模地发展教育、医疗、养老、艺术等公共财富，以不断满足人民日益多样的需求。共产党人认为：只有大多数人在衣、食、住、穿等方面的基本需求得到保障的前提下，在教育、医疗和就业等基本权利均等的基础上，竞争与财产的差别才是必须得到承认的。

这不禁令人想起马克思青年时代的论断：物质生产活动——吃喝住穿就是现代社会“公共事业”。实际上，如果没有公共财富、公共事业的保障，仅凭少数人的私有财产和个人竞争、个人需求，是无法支撑起如此大革命的社会化大生产的。

13

为什么马克思预言革命将在中国取得成功?

《共产党宣言》发表之前，马克思工作的重心，就是反思西方文明发展的历史，这是马克思思想发展的第一个时期。而《共产党宣言》划时代地提出了人类社会和历史发展规律的科学学说，这标志着马克思思想发展的第二个时期。从那之后，马克思的工作全面地转向了阐释和丰富这一人类发展规律的学说——这是马克思思想发展的第三个时期。

正是由于《共产党宣言》，马克思一举成为了欧洲各国统治者一致认定的危险分子、煽动分子，现在，整个欧洲大陆上都没有他的立足之地了。如今，“东欧”与“西欧”，皇帝、国王和资产阶级全都联合起来反对无产阶级的社会主义，形势急转直下，1849 年 8 月 27 日，马克思不得不仓促乘船跨越英吉利海峡来到伦敦，从那时起直到 1883 年去世，马克思一生中有34年是在伦敦度过的。

那时，马克思才31岁，正值壮年，当人生步入黄金时代的时候，他的学术事业却被彻底封杀了。在当时的整个欧洲大陆，马克思连发表文章的地方都没有了——这是多么大的打击啊！

因为不断搬家，马克思的经济状况也出现了严重的问题，这真可谓是雪上加霜，而马克思真正陷入生活的困窘，其实是从这个时期才开始的。

自1852年起，马克思只能靠给《纽约先驱论坛报》写专栏文章，赚一点微薄的稿费养家糊口。这些文章涉及亚洲问题的一共有17篇，其中15篇是关于中国的。

那个时候，马克思认为欧洲的革命恐怕一时是没有希望了，何况他以欧洲为研究对象的文章，几乎都不能发表，他转而希望世界其他地方发生革命，于是，他把目光投向了东方、投向了亚洲、投向了中国。马克思和中国真的很有缘分，《中国革命与欧洲革命》、《中国和英国的条约》、《鸦片贸易史》等，这些都是他在生活最困难的时候写的东西，马克思为中国写的文章，真是比给其他任何国家写的都要多。

而这也并非是没有原因的。实际上，马克思从不认为

马克思为中国写了 15 篇关于革命的文章，他还预言：中国和亚洲的革命将扮演世界历史的火车头。伟人的预言是很正确的。1949 年，新中国开国大典的礼炮打响了。这轰鸣的礼炮打响了中国，也震惊了全世界。

中国是像欧洲那样充满封建性的地方，为了与欧洲式的“封建主义”相区别，马克思还特地发明了“亚细亚所有制形式”这个范畴来表述中国。因为在马克思看来，用欧洲的“封建主义”（feudalism）一词来分析中国是不行的，中国既不存在欧洲那样的封建割据，也没有那么多的封建等级，中国的贵族制度早就被消灭了，而在“大一统”的皇权、官僚支配下，存在着的是大量的平民劳动者，中国的社会关系远比欧洲简单。因此，比起“等级林立”的欧洲，中国更容易形成政治上的“阶级”，于是发生社会革命的条件也就更为充分，而一旦掌握了革命的原理，中国社会进步的速度就会比欧洲更快。

在《政治经济学批判（1857—1858年手稿）》中，马克思首次提出了“亚细亚所有制形式”这一重要命题。他指出：中国的自然条件与欧洲是相当不同的，中国不像欧洲那样气候湿润，所以土地的经营便离不开大规模的灌溉设施，而大规模灌溉设施的建设和定期维护，只能是“共同体”的事业（这便是中国历代王朝定期“修河工”的原因），这些灌溉设施因此也只能属于“共同体”。由于土地经营必须依赖于公共灌溉设施，所以，欧洲那种绝对的土地私有制形式，在中国从根本上就是没有基础的。因此，所谓“亚细亚所有制形式”，就是一种“天然的共同体”形式，它“并不是共同占有（暂时的）和利用土地的结果，而是其前提”。

为什么中国能够维持“大一统”体制，而不是像欧洲那样长期陷入战乱和分裂呢？

马克思说，这就是因为：

在这种情况下，那些通过劳动而实际占有的共同条件，如在亚细亚各民族中起过非常重要作用的**灌溉渠道**，还有交通工具等等，就表现为更高的统一体……【马克思，恩格斯．《马克思恩格斯选集》（第二卷），北京：人民出版社，2012:727–728.】

什么是中国文明，乃至亚洲文明的基本特征呢？马克思概括指出：中国文明是一个“天然的共同体”。中国人为什么特别勤劳呢？亚洲为什么会发生“勤劳革命”呢？就是因为在那里，土地是“通过劳动实际占有的共同条件”。为什么中国会长期统一呢？则是因为在那里，灌溉渠道、交通工具是“公共劳动的结果”——而这里最典型的就是大运河。

那么，什么是西方的“自由贸易”呢？马克思说，这就是“为了维护贱买贵卖的特权”。而什么是中国革命的实质呢？中国革命的实质就是“为了维护古老的共同体”，从而不得不创造一个新的人类共同体。

而这就是“周虽旧邦，其命维新”的意思吧？

由此看来，第一个把马克思主义普遍真理与中国革命的具体实践紧密地结合起来的人，究竟是谁呢？实际上，他不是别人，正是马克思自己。中国的马克思主义者，正是在这条马克思自己亲手开辟的道路上前进的。

马克思分析说，由于整个世界已经被组织成了市场，所以，欧洲资本主义的发展离不开亚洲的市场，特别是中国的市场。英国发动鸦片战争的目的，本来是为了打开中国市场，就是“为了维护贱买贵卖的特权”，但英国资产阶级完全没有料到的却是，这场战争导致中国爆发了革命。而这场革命的实质是：为了维护古老的共同体，便不得不创造一个新的人类共同体。

因此，中国革命必将引发亚洲乃至世界革命，这场革命将摧毁欧洲资本主义的海外市场，而一旦丧失了海外市场，欧洲的资本主义必然会陷入全面的危机。

马克思预言说，支配未来世界的是黑格尔所提出的“两极相联”规律，如果一极是西方，那么另一极就是中国。

西方世界的未来命运，在很大程度上要取决于中国的命运，“而不是决定于现存其他任何政治原因，甚至不是决定于俄国的威胁及其带来的可能发生全欧战争的后果”。在当时的读者看来，马克思的预言可能是天方夜谭，而在今天的读者看来，这完全就是眼前的事实。

在这一系列文章中，有一篇《俄国的对华贸易》极具天才视野。在这篇文章中，马克思指出：俄国的命运，也取决于它是否能够维持与中国的联系。马克思深刻地分析了“欧亚大陆贸易”与西方海洋贸易、海洋霸权之间的关系。他指出：

中国人自古以来就对从海上来到他们国家的一切外国人抱有反感，而且并非毫无根据地把他们同那些看来总是出没于中国沿海的海盗式冒险家相提并论。然而俄国人却自己独享内地陆路贸易，这成了他们被排除于海上贸易之外的一种补偿。【马克思，恩格斯.《马克思恩格斯选集》（第二卷），北京：人民出版社，2009:615.】

通过分析中俄边境的恰克图贸易，马克思指出：西方资本主义是依靠“海洋霸权”和“海洋贸易”崛起的，它表现为“海洋”对于“大陆”的征服（用后来流行的一种说法，就是“蓝色文明”战胜“黄色文明”），而海洋贸易的兴起，恰恰意味着大陆贸易的中断。但是，只要中国、俄国、德国采用现代铁路技术、贸易和制度手段联合起来，并以此把欧亚大陆重新组织为一体，那么，欧亚大陆文明就足以与西方的“海洋文明”抗衡，并最终将把海洋贸易和大陆贸易结合在一起。

实际上，这就是当代中国“一带一路”的战略构想，它体现了中国正在切实肩负起重建欧亚共同体、人类共同体的历史使命，而这也正是马克思当年对于中国革命的期望。

今天看来，当年的马克思所拥有的，是怎样的一种革命性、开放性的战略视野啊！

如今，马克思的思路发生了一个巨变，他原本认为：欧洲资本主义的危机会导致无产阶级革命，现在，他反过来认为亚洲的革命会导致欧洲的资本主义危机。过去，他把希望寄托于欧洲的劳动者阶级，如今，他把希望寄托于中国和亚洲的革命。他预言，从今往后，不是欧洲的无产阶级革命，而是亚洲的革命将扮演世界历史的火车头了。

这是天方夜谭吗？当然不是的。

1949 年，新中国开国大典的礼炮证明了，马克思的预言是多么的正确。

为什么说《资本论》颠覆了经济学?

14

1867年，马克思研究政治经济学巨著的第一卷，即论述“资本的生产过程”那一部分，终于写出来了。

这一年马克思正好49岁。

1844年，当与恩格斯进行“历史性会晤”时，马克思就已经雄心勃勃地提到了这本书的写作计划，而今，23年的时光倏忽而去了，《资本论》第一卷方才横空出世。

实际上，当第一卷写完之后，马克思才突然产生了一个灵感，他说：一部伟大的作品必须有一个尽可能短的名字，这部新的著作就叫《资本论》吧！而“政治经济学批判”，只应该作为副标题出现。这是一个极其天才的改动。

当凌晨写完《资本论》第一卷的最后一笔，马克思却突然发现自己连给出版商寄稿子的邮费都没有了。于是，天亮的时候，他告诉恩格斯：《资本论》必须由他亲自从英国送到汉堡的出版商手里。恩格斯给马克思买了船票。马克思就这样亲自带着《资本论》第一卷手稿上路了。他拎着装手稿的箱子，在船上一直站立着，满怀豪情地跨越了英吉利海峡。

汉堡的出版商没有来接马克思，但马克思一上岸，却接到了普鲁士首相**俾斯麦**[1]的信，信中说：欢迎马克思回到家乡，真诚希望能够用你在金融方面的大才为德意志复兴大业服务。但是，穷困潦倒的马克思看了一眼这封信，就很潇洒地把它扔了。

不过，马克思与俾斯麦还真是很有缘分。当马克思从德国汉堡回英国的时候，在船上遇到一位女士。这位美女穿着一身军装，带着很多行李，大功告成后一身轻松的马克思不禁提醒她说：只有普鲁士贵族出门才带那么多行李，你大概不知道，在英国搬运费很贵哟！而这位女士却反唇相讥：搬运费既然很贵，这位绅士啊，那你怎么不帮帮我呢？

马克思咎由自取，只好说，那我就帮帮你吧，你在哪儿下呢？她说，我要从伦敦到威斯顿－修铂－梅里去。马克思松了口气：原来这个地方跟我去的地方正好截然相反呢，我要是帮了你，自己就要误火车了。但是，那位女士又说，我确实搬不了，你看怎么办吧！

马克思只能自认倒霉，原本两手空空的马克思，下船

划时代的一卷《资本论》是怎样诞生的？除了好母亲和好兄弟的两笔巨额遗产，还有马克思自己的豪情壮志呢！拎着《资本论》手稿的箱子，揣着恩格斯买的船票，马克思满怀激情地跨越了英吉利海峡，亲自将手稿送到了德国汉堡的出版商手里。

后却像搬运工一样，拎着这些箱子，把那个美女送到了伦敦火车站。可到了火车站才发现，这个美女的火车晚点了8个小时，马克思只好又领着她逛公园吃冰激凌，最后挥手告别时才发现，这个美女不是别人，而正是俾斯麦的外甥女伊丽莎白·冯·普特卡墨！

后来，当马克思——这个被欧洲大陆上的统治者们四处驱逐的“危险分子”回顾这段“奇遇”时，却像一个真正的骑士那样幽默地说：“她是一个快乐的和有教养的女孩子。当她知道，她落入赤色分子手中之后，不胜惊讶。但是，我安慰她说，我们的会见不会发生‘流血事件’，并平安无事地送她上了火车。”

马克思固然是一位彬彬有礼的绅士，但他却绝不是那种迎合读者的作家，恰恰相反，《资本论》第一卷序言，偏偏选用了一句冒犯读者的话来结尾：

任何的科学批评的意见我都是欢迎的。而对于我从来就不让步的所谓舆论的偏见，我仍然遵守伟大的佛罗伦萨人的格言：

走你的路，让人们去说罢！【马克思，恩格斯.《马克思恩格斯选集》（第五卷），北京：人民出版社，2009:13.】

《资本论》第一卷虽然没有全面论述资本，但马克思在《资本论》第一卷开头，就得出了惊世骇俗的发现，这个发现就是：计算起源于交换活动，数学的基础是经济学。

即使今天的经济学家们还是这样认为：经济学之所以是科学，就是因为经济学是建立在数学的基础上的。但是，《资本论》开头却说，恰恰相反，数学是建立在经济学的基础上的，正是在买卖、借贷活动中，计算和数学才发展起来，更确切地说，一切关于"等价"的观念，都是从人类的"交换过程"中产生出来的。

希腊形而上学认为，世界的本质就是数，而马克思指出，信贷则是把一个人的道德数量化、货币化，而资本就是"以货币形式为完成形态的价值形式"，正是从这个意义上，马克思认为资产阶级政治经济学的基础是形而上学。

什么叫等同？什么叫等价？等号意味着什么？马克思说，世界上没有真正"等同"的东西。把两个不同的东西等同起来，这其实正是因为市场交换活动的需要，但是，也正是在这种"等同"中，蕴含着认识论的陷阱。

这个陷阱最要不得的地方，就是把人类的"交往"活动等同于市场"交换"。但是，人们的交往活动是多样的，它绝不等于市场上的"等价交换"。

资产阶级社会的统治与其说是“金钱”的统治，还不如说是“数目字意识形态”的统治，而这种“数目字意识形态”的统治，最终在美国达到了高峰。**托克维尔**[2]和**桑巴特**[3]都注意到，美国人在评价事物的时候，不是从功能和愉悦、从质量出发，而是从“花费昂贵”的角度出发，因此，当他们赞美伦勃朗的画有价值的时候，就是说这幅画“值多少钱”。布赖斯说，美国有一种“将数量的‘巨大’误认为‘伟大’的倾向”，其实，布赖斯这就是借对美国的讽刺，说出了《资本论》的一个重要主题。

资产阶级把“平等”理解为“等价交换”，它的实质是指：人作为“劳动力”，在市场上是可以“平等”买卖的。但是，如果商品在市场上真是平等交换的，那么，剩余和利润就不可能存在。要使剩余和利润产生，还要使等价交换的“市场经济”得以成立，那么，某种决定性的商品的价值就必须被低估。马克思说，这种被强制低估的商品，就是劳动力。马克思还说，只有把劳动力当作商品，而且能够人为压低这种商品的价格的时候，资本主义的“市场经济”才能勉强成立。不过，在人口不多的欧洲，要长期维持这样的“劳动力商品市场”却几乎是不可能的，因此，总起来看，除了运用暴力和强制之外，资本主义的“市场经济”只能在劳动力很廉价的海外才能维持。

《资本论》开篇分析了商品的“使用价值”与“交换价值”之间的矛盾，货币作为“价值尺度”与“流通手段”之间的矛盾，在此基础上，《资本论》一举揭示了市场经济与资本主义之间的矛盾。马克思说，古典经济学通过抽象的市场关系掩盖了真实的资本主义关系，我们并没有生活在一个由“看不见的手”支配的市场社会里，而是生活在由资本计划、支配的社会里，而这种资本计划的基本手段，就是貌似精密的计算。

由于丧失了马克思恢宏的批判视野，人们便无法像马克思那样从根本上质疑古典经济学的基础。《资本论》提出的这个问题，后来只是被尼采发展了。尼采说，人（man）这个词，就是从计算（manus）这个词中发展出来的，它假定人就是“会计算的动物”、“会估价的动物”，人就是“会讨价还价的人”——马克思说得一点也不错，文艺复兴从来没有发现“人”，因为它发现的不过是“债权人”和“债务人”，发现的只是能够精确地计算出“你究竟欠我多少”的人而已。

数学起源于人类的交换活动和放贷的行为——这就是马克思在《资本论》开头“商品和货币”一章中所论述的主题，无论对当时的政治经济学，还是对今天的经济学而言，这都是一次根本的革命。

《资本论》第一卷并不长，而它的伟大发现却还远不止这些，上述发现只不过是一个令人震惊的开头，而接下来一个更加了不起的发现是：在《资本论》第一卷中，马克思通过批判萨伊定律，彻底颠覆了古典经济学的市场理论。

法国经济学家 J.B. 萨伊[4]认为，在资本主义社会里不会出现生产过剩的总危机，因为每一次的卖出都是一次购买，而每一次购买都是一次卖出，这就是市场经济的总定理：C–M–C 所表达的东西。

但是，在马克思看来，这种均衡是绝不可能实现的，因为市场上的每一次风吹草动，都会造成大量的持币观望者，从而造成流通性的短缺，造成 M 不能再次转化为 C。因此，市场的运行不能依靠卖方自动转化为买方，而是从根本上依赖于货币的提供者和制造者。于是，马克思在《资本论》中，便把市场经济的总定理 C–M–C 转化为一个新的定理：M–C–M。在这里，是货币的提供者和掌握者，而不是商品交换者占据了舞台的中心，这样一来，古典经济学的“市场经济理论”就被关于“资本”和“资本主义”的理论代替了。

《资本论》划时代的意义就在这里，它划出了市场经济与资本经济之间的根本区别，并把市场经济学改造为资本经济学。

因此，《资本论》告诉我们的是：进行正确的经济分析的出发点，必须是把思考的焦点指向货币的提供者和掌握者，而不是指向市场交换者。而且马克思进一步论述说，如果货币的提供者和掌握者是少数资本家，那么，我们所面对的就是由少数资本家来计划和支配的资本主义制度，在那里，一切生产与交换活动归根到底都是为金融资本、为少数资本垄断者服务的；而如果货币的提供者和掌握者是国家，那么，货币政策就变成了最为重要的公共政策，研究和思考货币政策如何为生产、交换和民生服务，就成为了一种崭新的政治经济学的基础。而只有到了这一步，只有把作为“公共政策”的货币政策应该如何建立这个问题作为思考的基础，我们才算真正触及到如何建立一个完善的市场体系，如何建立一种社会主义制度的问题。

正是《资本论》启发我们认识到：社会主义与资本主义的区别并不在于市场经济。社会主义经济的实质在于以下两点：第一，优良的货币政策的基础是健康的财政，只有建立持续有效的财政，才能使发展成果惠及全体人民；第二，健康可持续的财政，依托于公共资产和国有企业的运行，而不单纯依赖于税收，更不能把货币和资本供给交给一个垄断资本家集团。

《资本论》第一卷关于资本原始积累的部分，全面分析了西方“大国崛起”的过程与战争金融制度之间的关系，从而为研究人类现代进程、为研究金融史开辟了全新的天地。以布洛克、费弗尔和布罗代尔为代表的“年鉴史学派”发展了《资本论》的这一思想，列宁的《帝国主义论》也继承了马克思的这一研究方向。

至于《资本论》第二卷中资本流通量、流通速度的论述，今天生活在互联网金融时代的我们，也许才有可能第一次读懂它，而此前，几乎可以肯定地说，很少有人能够读懂这一部分。当代西方主流经济学，特别是“货币供应学派”，一边诅咒马克思，一边却剽窃了《资本论》这一部分的创见，却从来没有为这种剽窃感到过脸红。

《资本论》从第三卷开始才全面论述资本，特别是今天风起云涌的金融业的方方面面，但万分可惜的是，大部分内容都没有来得及展开。正是在这一部分中，马克思指出：现代资本经济，既不是建立在货币流通，更不是建立在商品流通的基础上，因为现代资本经济是建立在生产者—销售者—消费者“互相预付”的基础上，即建立在“信用”的基础上。这一论断是晴天霹雳，但是，它依然没有惊醒我们这些愚人。

《资本论》是未完成的，实际上，除了马克思之外，没有人能够完成它。今天看来，马克思的悲哀是，那些号称追随他的人，很少能够读懂他，而马克思的骄傲则是，那些不自量力号称要超越他的人，最终都被时间证明是些“无知者无畏”的喜剧人物。

“伟大也要有人懂”——这句话用在马克思身上，恐怕是再合适不过了。

1

奥托·爱德华·利奥波德·冯·俾斯麦（1815—1898），劳恩堡公爵，普鲁士王国首相（1862—1890），德意志帝国首任宰相，人称“铁血宰相”（“铁”指武器，“血”指战争）、“德国的建筑师”及“德国的领航员”。

2

阿历克西·德·托克维尔（1805—1859），法国历史学家、政治家，政治社会学的奠基人。出身贵族世家，经历过五个“朝代”。代表作有《论美国的民主》、《旧制度与大革命》。

3

维尔纳·桑巴特（1863—1941），德国经济学家、社会学家。早年在柏林和罗马学习法律、经济学、历史学和哲学。桑巴特曾与马克斯·韦伯参加创立德国社会学会的工作，并合办了《社会科学与社会政策》杂志。代表作有《19 世纪的社会主义和社会运动》、《现代资本主义》、《奢侈与资本主义》、《战争与资本主义》等。

4

让·巴蒂斯特·萨伊（1767—1832），法国资产阶级庸俗政治经济学的创始人。代表作有《政治经济学概论》、《实用政治经济学全教程》、《政治经济学入门》等。萨伊最出名的是被马克思评价为“资产阶级庸俗经济学家”。

15

为什么说
美国是世界上最大的
资本主义国家？

《资本论》划出了一个时代——资本的时代。

什么是资本呢？

在现代大工业条件下，资本，首先就是指金融机构的投资；资本，也就是金融投资机构经营的产品。

那么，金融投资机构又是怎样产生的呢？

马克思关于资本的论述可谓博大精深，但他对资本的一句诅咒最为著名：“资本来到世间，从头到脚，每个毛孔都滴着血和肮脏的东西。”

为什么这样说呢？因为资本，起初就是对“战争的投资”。资本主义制度，或者说现代金融投资机制，其实是与“战争国债制度”一起出生的。

想一想本书开篇所讲到的罗斯柴尔德家族在“拿破仑战争”中扮演的角色吧！而那个家族至今还是世界上最大

的资本家集团。

现代金融制度、战争国债制度，就是这样伴随着资产阶级发起的殖民战争以及各民族之间的战争一起登上历史舞台的。马克思在《资本论》第一卷《所谓资本的原始积累》中论述道：

在所谓国民财富中，真正为现代人民所共有的唯一部分，就是他们的国债。因此，一个国家的人民负债越多就越富这个现代学说是完全合乎逻辑的。公共信用成了资本的信条。随着国债的产生，不可饶恕的罪恶，已不再是亵渎圣灵，而是破坏国债的信用了。【马克思，恩格斯.《马克思恩格斯文集》（第五卷），北京：人民出版社，2009:864-865.】

马克思的这些话放在今天同样是真理。如今哪个国家最富？美国。哪个国家的老百姓欠债最多？还是美国。作为世界上最大的军事霸权，美国的债务主要就来自其庞大的军事开支和战争投资。

那么，现代金融机构经营的“产品”究竟是什么呢？实际上，金融机构经营的并不是钱（货币），因为它经营的是“信用”。

罗斯柴尔德家族借钱给“反法联盟”，这是以联盟各国的“信用”为抵押的，是以各国的信用、税收和国土为抵押的。而通过这种抵押物，他们又获得了什么呢？

他们获得的是欧洲主要国家的货币发行权。

马克思说，现代金融业的发展，就是从 1649 年英格兰银行的创立开始的，这家银行以国王的债务为抵押，获得了发行英镑纸币的权利。从那时起到今天，只要英国王室借英格兰银行的钱没有还清，只要大英帝国不倒，英镑纸币的信用就不会倒。

《资本论》最划时代的发现，就在于指出：在资本时代，占支配地位的既不是商品流通，也不是货币流通，而是信用，即“票据”的流通。因为在资本时代，生产者—销售者—消费者之间的关系，并不是简单的货币买卖关系、商品交换关系，而是“互相预付”关系。因此，正是“信用”把这个时代的经济活动以世界的规模组织起来，信用就是资本时代最基本的组织方式。

在这样的时代，销售者绝不可能把生产者提供的产品一股脑儿全部买下，然后再拿去销售。实际上，生产者从经销商那里拿到的只是一个“信用凭证”而已，而回款和结账则是很遥远的事情。同样的，希望消费者能够用现金支付如此丰富、庞大的“物质涌流”，也是根本不可能的，资本社会的大宗消费，一般只能采取“信用按揭”这种方式进行。

由于生产的规模总是在扩大，便没有一个生产者能够以“自有资金”去应付这种生产规模的不断扩大，于是，企业经营者必须获得投资，而这里所谓的“投资”，与其说是一定数量的货币，还不如说就是信用。因为正是企业和企业家的“信用评级”，决定了其能否获得货币以及能够获得多少货币投资。

马克思简短地概括说：“信用是道德化的货币。”这就意味着：对于投资者而言，我向某人投资，这绝不仅是借钱给他，更是把“信任”赋予他。如果用皮尔庞特·摩根的名言来说便是：“银行家只向自己‘看好’的人投资，而不是向那些有抵押物的人投资。那些我不信任的人，那些没有信用的人，即使他有财产做抵押，也休想从我这里拿走一分钱。”

那么，谁是他们“看好”的人呢？当然就是那些社会法则中占支配地位的强权。

1815 年，罗斯柴尔德家族帮助“反法联盟”打败了拿破仑；1871 年，摩根财团帮助普鲁士和法国镇压了巴黎公社；1931 年 9 月 18 日，日本在摩根财团的支持下发动了“九一八事变”，这些历史课本中没有讲述过的秘密，无非再次印证了《资本论》的名言：“资本来到世间，从头到脚，每个毛孔都滴着血和肮脏的东西。”

概括起来说，什么是资本呢？资本就是对“信用”的经营。

马克思的经济学与其他经济学的基本区别是：前者研究的是“资本与信用（金融）”，后者研究的是“商品和货币”，前者是高端的、复杂的，相对来说，后者则是初级的、天真的。

《资本论》创造性地区分了“资本经济”和“市场经济”。资本社会是靠资本即“信用”组织起来的，而不是靠市场交换组织起来的。

人们之间的互相信任，构成了信用的基础，正是这种信任把人们组成一个自由的联合体。但是，市民社会里的人们是孤立的、彼此对立的，他们互不依赖，只是通过交换才发生关系，他们之间最缺乏的恰恰就是信任，这使得信用成为那个社会最稀缺的资源，当这种稀缺资源被少数资本家所垄断，成为服务于少数人私欲的资本，那么，资本和信用就成为了奴役人们的工具。

我们必须记住的是：马克思反对的是“资本主义”，

他从来没有简单地反对“资本”，实际上，《资本论》就是以资本和信用作为研究对象的。而现代世界的核心问题在于：尽管生产和交换已经全球化了，但信用和资本却依然垄断在以美国为首的少数发达国家的金融家族手里。而这几个家族的特殊利益与全世界人民的普遍利益之间的矛盾，也就是当今世界的主要矛盾。马克思认为，信用是劳动者联合的重要手段，如果劳动者能够建立起属于自己的信用体系，那么，它就能从最高端控制经济活动，并战胜资本家集团对资本和信用的垄断，变资本支配劳动为资本为劳动服务。今天，劳动者与资本家之间的斗争，并不是单纯地围绕着商品和货币进行的斗争，因为这最终是围绕着“资本”和“信用”掌控权进行的斗争。

“社会主义信用经济”是中国共产党新一代领导集体提出的一个重要范畴。而“金砖国家开发银行”和“亚洲基础设施投资银行”，则是在中国的倡导下，是在习近平高瞻远瞩的强力推动下，方才横空出世的——这是向马克思所指出的方向（建立与全球生产力发展相适应的投资关系）迈出的关键一步，这对于中国来说也许只是一小步，但对马克思的社会主义事业来说，却是“而今迈步从头越”的一大步。

而创建一个以美国为核心的全球信用体系，维护美国对全球利润的独占，这正是尼克松所谓“美国不战而胜”的秘诀。

为什么说美国是世界上最大的资本主义国家呢？美国的统治集团究竟是怎样抓住了资本时代的经济命脉的呢？当然，这就是因为美国手里掌握着世界上最庞大的资本，而美国之所以能够做到这一点，不仅在于美元是世界货币，美联储垄断了这种世界货币，更在于美国建立起覆盖西方世界及其盟国的信用体系、信用网络，正是依托这一信用体系，美元才源源不断地被制造出来。

美元并非建立在美国的生产和贸易总量的基础上，而是建立在美国“信用”的基础上，它确认的是世界各国与美国之间的“信任关系”。

美国是靠经营和贩卖其“信用”而发财的。

在第一次世界大战中，美国只是到了战争的最后一刻，方才象征性地参战，而此前，它主要是向欧洲各国放贷战争款。第一次世界大战结束后，欧洲战胜国共欠了 280 亿美元的战争债务，其中 120 亿美元是欠美国的，而德国要担负的战争赔款则高达 600 亿美元。

《凡尔赛协定》刚签署不久，参与协定起草的英国经济学家**凯恩斯**[1]就预言说，无论是战败的德国还是欧洲的战胜国，实际上都不可能还清自己欠美国的债务。债务链条的最终断裂，终将导致国际金融和贸易体系的崩溃，而无法清偿的债务只能用战争来解决，因此，另一场世界大战是无法避免的。

在美国成为世界上最大的战争投资国之前，资本家与国家还是分离的，无论是意大利的**美第奇家族**[2]还是法兰克福的罗斯柴尔德家族，他们只不过是国家的债主和理财人，而不是国家政权本身。但是，自从第一次世界大战结束后，美国这个国家就成为了世界上最大的放债人，这主要是因为美国的中央储备银行变成了由 12 家私人银行构成的资本家机构。资本家变成了美国的主宰者，而美国变成了资本家的国家，它垄断了国际货币和信用体系，而这是人类历史上前所未有的巨变。

这场巨变进行得悄无声息，1910 年底，摩根和洛克菲勒亲自召集了仅有 6 人参加的秘密会议，会议的地点是佐治亚州的**哲基尔岛**[3]，而“六人帮”开黑会的名义竟然是——打野鸭子。

事实上，这 6 个人在岛上一只野鸭子也没打，因为他们要打的“鸭子”其实就是美国。在这次秘密会议上，他

马克思老人家去世 27 年之后，在美国佐治亚州的哲基尔岛上演了一出“资本家变成美国的主宰者，美国变成资本家的国家”的好戏，6 人会议最终主宰了国际信贷体系，也主宰了我们这个世界。这出戏印证了马克思对资本的那句诅咒：“资本来到世间，从头到脚，每个毛孔都滴着血和肮脏的东西。”

们决定成立一个以摩根和洛克菲勒家族为核心，由 12 家私人金融机构组成的银行，而成立这个银行的目的，就是确立“最终信用者”的地位，在经济危机时，要由这 12 家金融机构向货币市场注入流动性。而为了确立这种“最终信用者”地位，就必须把美国货币的发行权，从美国国家和美国人民手里夺走，归于 12 家私人银行联合体。

通过垄断和贩卖“信用”而发财，而这不过是对美第奇家族、罗斯柴尔德家族生财之道的继承与发展。

他们的计划成功了，这个银行于 1913 年成立，它的名字就叫美联储。美联储无疑是这个世界上最大的信用垄断者，从那时起，我们这个世界就是由美联储统治着。

今天看来，比亚当 · 斯密晚出生了差不多一个世纪的阿克顿勋爵的一句广为流传的名言，倒是非常接近马克思所揭示的资本时代的真理，只是勋爵的名言被广泛地误解了。他说：当前时代的问题不是“人民与政府”的关系问题，而是“人民与银行”的关系问题。因为英格兰银行已经由银行家的银行，变成了政府的“政府”，这个“绝对权力导致绝对腐败”。阿克顿勋爵所说的时代，便是我们的时代，这是一个资本和信用被少数人垄断和支配的时代。

1

约翰·梅纳德·凯恩斯（1883—1946），现代西方经济学最有影响的经济学家之一，他创立的宏观经济学与弗洛伊德所创的精神分析法和爱因斯坦发现的相对论一起并称为20世纪人类知识界的三大革命。

2

美第奇家族是意大利佛罗伦萨著名的银行业家族，最主要代表为科西莫·美第奇和洛伦佐·美第奇。美第奇家族是佛罗伦萨13世纪至17世纪时期在欧洲拥有强大势力的名门望族，靠替教皇放债暴富。

3

哲基尔岛，位于美国佐治亚州，是一群美国超级富豪拥有的冬季度假胜地。以J.P.摩根为首的富豪们成立了一个哲基尔岛打猎俱乐部，地球上1/6的财富聚集在这个俱乐部会员的手中。他们组织了哲基尔岛绝密会议，起草了《联邦储备法案》。

16

为什么只有社会主义才能发展中国？

1871年，“巴黎公社运动”爆发了。那一年，马克思53岁，而此时《资本论》第一卷已经出版近五年了。

巴黎公社本想请马克思写一个成立宣言，而马克思却以做学问的态度写了三稿，等马克思把稿子写完，公社已经失败了，公社的宣言就这样变成了公社的悼词。

这篇伟大的“悼词”就是著名的《法兰西内战》。

《法兰西内战》这篇文献究竟讲了什么呢？这篇文献的核心，讲的是“社会”

什么是社会？“社会”原本是一个罗马词，即拉丁语的Socius，它的原意是“一起吃面包”，后来又引申为合伙、伙伴、搭伙。孙中山先生当年用“民生主义”来翻译“社会主义”，他说：“民生主义”的意思就是有饭大家吃，这就非常确切地抓住了“社会”（一起吃面包）的含义。而最早把 Socius / Social 一词翻译为“社会”的，是日本人福地樱痴，但他的这种译法则太过抽象，反而失去了这个词的原意。

在中国典籍里，聚集为“会”，祭祀土地神为“社”。宋儒笔下有“乡民社会”之语，这说明社会是基层群众的“草根组织”。

什么是“公社”呢？马克思说，公社是劳动者的组织，在工业革命之前，人们只知道有家族组织、国家组织，亚当·斯密和黑格尔都发现了商业组织——市民社会，但是，只有马克思高度重视劳动者组织，这是因为马克思目睹了工业革命，目睹了在工业革命中诞生的有组织的产业无产阶级。

“巴黎公社运动”，是世界上第一次具有社会主义性质的革命，因为它第一次现实地说明：教育、医疗、养老、住房是基本人权，是现代化大生产得以进行的基础。用马克思的话来说，社会再生产是物质生产的基础，对生活资料的生产的满意度，是一个社会文明程度的最重要指标，社会再生产领域不是资本牟利的领域，在那里市场的原则是无效的。

社会主义运动，就是从创建社会——即劳动者自愿的组织入手的，比如说，中国革命就是从创建工会、农会、青抗会、妇救会、儿童团、识字班起步，最终把一盘散沙的中国组织起来的。如果说国家的功能是富国强兵，市场的功能是发财致富，那么社会的功能就是“谋幸福，送温暖”，就是“劳动人民自己组织起来，帮劳动人民一把”。

马克思说，人的活动绝不仅是生产与工作，人还必须有吃有喝、有住处、有病能看、能结婚繁衍后代、能休息和娱乐，能通过文化教育事业提升自己——只有在这样的前提下，他（她）才能从事生产和工作。与前者（物质的生产）相联系，马克思把后者称为“社会再生产”，他说，“社会再生产”构成了物质生产活动的前提，因而“社会”构成了“市场”的基础，经济活动、生产活动必须建立在这个基础之上，但是，资本主义的经济活动却正在破坏这个基础，“市场”正在瓦解“社会”。

在巴黎公社之前，人们只知道有国家和市场，而不知道什么是社会，也不知道社会怎样发挥其功能。即使今天，人们往往也搞不清国家、市场和社会的关系究竟是怎样的。资产阶级的经济学家甚至荒唐地认为，只要市场就可以了，国家与社会是完全不必要的。实际上，这些人完全错了。

马克思思考的出发点是现实的人，这样的人既不是神也不是机器，而人的一生其实只有四件事：生老病死。可惜，这四件事恰恰都是市场不管的，而国家即使想管也管不过来，于是，管这四件事的，只能是社会。

为什么说市场不管这四件事呢？因为亚当·斯密早就指出：市场的主体，是指“有能力的交换者”和“有效需求者”，而老弱病残是“没有能力的交换者”，穷人不是“有效需求者”，因此，他们理应被排除在市场之外。试想，如果把教育、医疗和养老通通交给市场，那么大部分老人和孩子就惨了！因为他们是“没有交换能力”的弱势群体。

为什么这些事也不能全靠国家呢？因为马克思说，国家本质上是强制性的力量，是暴力机器，国家只能是按照既有的等级秩序去强制性地分配资源，它几乎不可避免地会造成公共资源的分配不均，造成公共资源分配的等级化。何况国家是管内政外交等大事的，国家确实没有能力对老百姓的“小事”管得那么细。

公社管理的对象，主要就是社会再生产领域，或者说，就是孙中山所谓的“民生领域”，也就是公共产品的提供与分配：保障面包的充足，交通的畅通，公租房、幼儿园、医院的建设，等等，即必须保证这些领域是非营利的，是对所有公民平等开放的，是人人可以享受的基本人权。

资本主义号称富裕，但却穷得养不起“社会”，即养不起学校、幼儿园、医院和养老院。在那里，“社会”不是基础，而是负担和包袱，那个制度穷得甚至连空气都不能免费。而马克思骄傲地说：巴黎公社最大的管理成就之一，就是多年积存、遍布巴黎各个角落的垃圾，几乎在一夜之间就被清理完毕。只有在公社统治那短暂时光里，巴黎才变得干净整洁、夜不闭户、大道通衢。在公社执政时期，面包的供应从未发生短缺，而原本盗匪横行的巴黎竟然没有发生一起刑事案件！——马克思骄傲地说：想知道什么是无产阶级专政吗？这就是了！

毛泽东晚年主张全党要认真学习《法兰西内战》这篇文献，并将此视为自己的一项政治交代。毛泽东为什么要我们读《法兰西内战》？他的政治交代又是什么呢？

我想，他的政治交代无非是两点。

第一，他提醒中国共产党人必须认识到：“社会工作”不仅是中国共产党的工作的“长项”，而且更是中国共产党获得人民的信任与拥护的根本法宝。

而所谓社会工作，又不外乎两个方面，一个方面就是使人民自觉自愿地组织起来，这就是所谓来自人民、依靠人民、为了人民的真正含义，而它的具体工作方法，也就是党的“群众路线”。而社会工作的另一个方面，就是全心全意地为人民提供公共产品、公共服务，这表现在，我们在新中国成立之初，就致力于建立覆盖城市的公费医疗制度、农村合作医疗制度，普及基础教育，建立农村“五保制度”，等等。中国共产党之所以得人心，原因就在于此；中国共产党之所以叫马克思主义政党，原因也在于此。

而这一切，都是“巴黎公社的原则”在中国社会主义运动中的发展，这就是我们称之为“社会主义优越性”的东西。而毛泽东的政治交代，首先就是指：他要把这份“马克思的遗产”、社会主义遗产，郑重地交到我们的手上。

第二，毛泽东通过总结中国革命与建设的历史经验教训，阐释了“经济发展”与“社会发展”互相促进的论断。这突出地表现为他所提出的“生产关系的改革，反过来会对生产力发展起到积极促进作用”的重要思想。

毛泽东说：我们把生产关系搞好了、理顺了，生产力的发展就会上一个新台阶。因此，当经济发展遇到瓶颈与困难的时候，完全不必惊慌失措，这时正好可以及时把工作的重心转向社会建设，转向生产关系的调整，如此去做，则会为下一步生产力的发展奠定良好的基础。

新中国发展的历史证明了他提出的这个科学论断。

1956年以来，尽管我们经济增长的速度没有那么快，但是，由于我们致力于建设完善的社会体系，消灭了长期肆虐的各种疾病，普及了教育、扫除了文盲，培养了人民的组织能力，维护了各民族的大团结，最终则为改革开放以来经济的高速增长，造就了大规模的高素质的劳动力，为经济的长期发展奠定了雄厚的“社会基础”。

中国社会主义建设的历史经验告诉我们：所谓把辩证唯物主义与历史唯物主义运用到中国的实践，其核心也就是正确地处理“经济发展”与“社会发展”之间的辩证关系。

1997年，面对亚洲金融危机、国内三千万职工下岗，我们及时推出社会保障体系和全民医保体系的建设——这一系列战略调整正体现了我们制度的社会主义性质。“十二五”规划以来，我们建设了可供一亿多人居住的城市保障房，迅速将医保覆盖率由11%提升到94%，如果没有共产党领导，如果没有社会主义制度，这一切都是不可能实现的。

为什么说马克思主义学说适合中国的基本国情？这就是因为：人口很多，资源有限——这是我们的基本国情。因此，共同分享资源，这不仅是我们的理想，也正是我们必须面对的“现实”。正像我们前面已经指出过那样，正是基于这样的认识，马克思方才把中国文明视为“天然的共同体”；而且他还说：为了维护这个古老的文明、古老的共同体，中国人民就必须去为创造一个新的“人类共同体”而不懈奋斗。我们应该把一切，看作那位伟大的“西方圣人”对于中国文明和中国人民的深切期待。

马克思晚年过着平静的生活，专心构造着他的经济学大厦，现在钱不是问题了，时间似乎也不成问题了，晚年的马克思已不再颠沛流离，而是在伦敦市中心的一所巨大的房子里面平静地工作着，但是，如今出现问题的却是马克思的健康。

1881年12月，马克思的夫人燕妮去世了。1883年1月，马克思的第一个孩子——他最钟爱的小燕妮也突然去世了，这给了老马克思最沉重的一击。这一年的3月14日中午，马克思在工作之后打算上楼休息一下，而当恩格斯按照惯例在下午来拜访他的时候，却发现整个世界一下子都陷入了黑暗。

对于全世界的劳动者，乃至对于整个人类而言，最不幸的事情终于发生了，恩格斯流着眼泪下楼宣告：马克思永远地睡着了。

马克思逝世了，享年65岁。

马克思就这样永远地睡着了，巨变到来得如此平静，

晚年马克思平静并专心地构造着他的经济学大厦，但是他的燕妮和小燕妮的相继去世，给了他沉重的打击。1883 年 3 月 14 日，工作之后打算休息一下的马克思永远地睡着了，这不仅使恩格斯的世界陷入了黑暗，也让全世界的劳动者陷入了黑暗。恩格斯悲痛地说：“这个伟人逝世所留下的空白，随着时光的推移，将会被我们日益沉重地感受到。”

平静得毫无征兆。

这可慌了恩格斯，《资本论》那个手稿究竟写得怎样了呢？

恩格斯拿来手稿一看，真是欲哭无泪啊！这个伟大的左撇子留下的手稿里有些文字认不清，其中一些伟大的篇章还由于洒上了咖啡而变得面目全非。于是，恩格斯知道，从此以后，自己只能在没有天才和导师的黑暗世界里，独自摸索前行了！

如果说马克思是全世界劳动者的耶稣基督，那么，恩格斯就是无产阶级的**圣保罗**[1]。圣保罗创造了《圣经》，恩格斯则编辑了《资本论》。恩格斯竭尽全力总结出马克思的部分遗稿，他把自己的后半生都花在了这项工作上，恩格斯是世界上最伟大的编辑，《资本论》第二卷和第三卷，都是恩格斯替马克思编辑、总结出来的。

马克思去世以后，飞利浦公司的第二任资本家，他虽然不肯为《资本论》法文版出一分钱，但却对马克思手稿很是在意，飞利浦公司四处搜求马克思的手稿并封存起来。

世界反法西斯战争胜利后，斯大林采用了各种办法，把马克思的大量手稿从荷兰、德国安全转移到了苏联，在此基础上，编辑出版了俄文版的《马克思恩格斯全集》。

“所不朽者，垂万世名；孰谓公死，凛凛犹生。”正是这些被保留下来的电光石火般的文字，使马克思的形象永生。

对马克思的思想著作有着深刻洞察和创造性理解的习近平主席这样指出：

党的各级领导干部特别是高级干部要原原本本学习和研读经典著作，努力把马克思主义哲学作为自己的看家本领。【习近平.《习近平总书记系列重要讲话读本》，北京：学习出版社，人民出版社，2014:175.】

为什么要“原原本本学习和研读经典著作”呢？因为正确理解马克思，是发展马克思主义的前提，而“原原本本学习和研读经典著作”，则是完整、准确地理解马克思主义的最好方法。实际上，我们对马克思主义谈论得太多了，而阅读得则太少了！而阅读经典这项工作，甚至应该“从娃娃抓起”，因为只有人生的第一个扣子扣好了，其余的扣子才能扣好。

1

圣保罗，最具有影响力的早期基督教传教士之一，第一代基督徒的领导者之一，被认为是基督教历史上除耶稣之外最重要的人。《圣经·新约》中的大部分被认为是圣保罗所作。

怎样建设具有中国特色的社会主义？

17

中国通过选择社会主义道路实现伟大复兴，这绝不是偶然的。

中国自古以来就有发动人民自主组织起来建设公共事业、公共工程的传统，最典型的就是“治水”，如果没有这些公共水利工程作为前提，私人土地上的耕种、个人利益的实现都是没有可能的。因此，马克思方才把中国文明称为“天然的共同体”。而现代中国革命，正是从建立劳动者的社会组织入手，重建了中国文明的共同体，中国共产党本身，也是一个劳动者的组织。

中国有着非常漫长的国家建设经验，“大道之行，天下为公”，中国的国家意志必须是“公”与“道”的体现，而不能沦为一己之私，其中关键的一点就是：大有产者不能支配国家。“百代都行秦政法”，“秦政法”最重要的内容，就包括吕不韦这种巨商大贾，不能像西方的罗斯柴尔德家族那样绑架国家。

中国的教育与文明、中国的经典与圣贤，均要求年轻人在人生的起点上，必须自觉地把自己的命运与天下苍生、共同体、历史的命运结合起来，而这就是“先天下之忧而忧，后天下之乐而乐”，“天下兴亡，匹夫有责”，这就是“仁者爱人”，“不患寡而患不均”。

这其实就是马克思对于中国文明的祈愿与期许：中国是一个天然的共同体，中国有古老而灿烂的文明，为了维护这个古老而灿烂的文明，中国人民必须在现代条件下，致力于创造一个人类的共同体。

实际上，马克思主义传播到中国以来，我们的前人就是这样做的，他们把马克思主义真理与中华文明的精髓结合在一起，这样一条继往开来的奋斗道路，这样一条人间正道，就是中国特色社会主义道路。

与今天流行的在“国家与市场”之间思考问题的简单框架不同，马克思认为西方现代国家建立在统治者与资本家之间的债务契约的基础上，那样的国家，不过是管理资本家财产的委员会而已，那样的国家是建立在对希腊“自由人的联合体”的城邦制度的否定的基础上的，因此，他主张用劳动者的暴力推翻这样的国家。马克思激烈地批评了资本主义市场，因为那个市场把人片面化地理解为有能力的生产者与消费者，从而把绝大多数“没有消费能力者”排斥在市场之外。社会主义的理想是建立一个劳动者当家作主的国家，同时建立一个更好的市场经济体制，在那里，物质生产的发展，必须与社会再生产相协调，社会再生产的两大部类：生产资料的生产与消费资料的生产之间必须平衡，因此，社会主义不是在国家与市场之间做非此即彼的选择，而是致力于建立一个更好的国家，更完善的市场。

社会主义道路取得了举世瞩目的成就，但是，这条道路也是不平坦的。

而今，曾经伟大的苏联共产党何以沦落到“十四万人齐解甲，更无一个是男儿”的境地，而我们这里为什么也出现了严重的腐败现象呢？这就是因为：少数党的干部，丧失了马克思主义信仰，丧失了人之为人的“觉悟”，丧失了“大道之行”的道义与德行，丧失了一己之生，不过是为人类修行的“为人民服务”情怀。他们把自己等同于小市民、小商人，而忘记了什么叫“公民”，什么叫“男儿”，什么叫“无产者觉悟”，什么叫共产党人的尊严，什么叫作人生和“人的解放”。

精神懈怠、精神空虚，这是最大的蜕化变质，而这就是马克思所谓的“异化”，这就是消极腐败的根源。

今天的中国青少年要“时刻准备着”，成为共产主义事业的接班人，你们的前人经历了革命战争和经济建设的考验，而你们的使命则是努力创造公共财富，并使财富的分享更加公正，使教育、就业、医疗和居住资源更加充分，分配更加平等公正。

马克思青年时代，曾经深刻地思考过这样的问题：在盲目的历史面前，一个年轻人究竟应该怎样作出自觉和主动的人生选择，而他的选择就是“为大家而献身”和“为人类福利而劳动”。这正像习近平主席所指出的那样，共产主义是先进中国人的理想，“尽管他们也知道，自己追求的理想并不会在自己的手中实现，但他们坚信，一代又一代人为之持续努力，一代又一代人为此作出牺牲，崇高的理想就一定能实现。”

现代中国的复兴之路就是这样一代又一代人持续的奋斗和努力，这条复兴之路简而言之是这样的：首先建立以劳动者为主体的新的社会组织，在此基础上，建立一个自由的现代国家和独立自主的、完整的国民经济体系，而在社会和国家建设完成之后，发展市场经济。

把西方文明等同于资本主义是极端错误的。离开了希腊的公民共同体，离开了犹太教奴隶求真理、求解放的意志，我们就不能理解西方文明的源头。即使现代功利主义学说，也把追求大多数人的幸福作为人生最大的幸福，而离开了马克思主义，离开了马克思对于资本主义荒谬性的分析，离开了波澜壮阔的国际社会主义运动，我们就完全不能了解什么是真正的西方文明。

我们坚持马克思主义，就是因为马克思主义凝聚了东西方文明的精华。

什么是“普适价值”？如果西方国家真是把“自由、平等、博爱”当作普适价值的话，那么他们就应该承认：中国社会主义实践的成功，就是在更高的层次上实现了法国大革命的理想：自由、平等和博爱。中国社会主义制度的实质，就是国家、市场和社会的合理配置与协调，其中，“自由”对应的是国家，“平等”对应的是市场，而“博爱”对应的则是社会——我们今天把它称为“有中国特色的社会主义”。

在中国特色的社会主义制度中，每个人都有平等追求财富的权利——这就是市场经济的真谛，但与此同时，我们必须向少数民族、老少边穷地区和弱势群体伸出援手——因为他们是我们社会大家庭的一员，在兄弟姐妹之间，需要讲“博爱”，对于地震灾区，更必须讲“一方有难，八方支援”，“大爱无疆”，而不能仅仅讲市场。中国的持续发展，已经使占人类五分之一的人口彻底摆脱了绝对贫困，这正是中国特色社会主义优越性的根本体现，而我们下一步的奋斗目标，则是使相对贫困地区和社会群体摆脱相对贫困，以逐步实现平等和共同富裕。

一个强大的社会主义国家，必须担负起实现财富再分配的任务，以防止两极分化，更为重要的是：国家必须掌握金融和银行机构，以保证人民币的稳定和货币独立性，以保证资本为劳动和实体经济服务的方向，以防范金融危机。

而这就是：一次分配讲效率，二次分配讲公正，三次分配讲感情，这就是中国版的自由、平等和博爱，这就是国家、市场与社会的有机统一，这也就是政治、经济、文化、社会和环境生态的“五个统筹协调发展”，这也是我们所说的“混合所有制”与资本家的所有制的根本区别所在。

而与此同时，中国还要致力于创建一个新的国际经济贸易、金融投资体系，在当前，这就是通过建设“一带一路”、亚洲基础设施投资银行等有力举措，使中国发展的成果惠及全世界的发展中国家，使广大的第三世界国家能够摆脱贫困，最终实现全人类的共同富裕——这就是马克思的理想，即他所说的“以自由人的联合”，去代替剥削和压迫制度，而这也应该是你们——当代青少年的理想。如果说有“普适价值”，共产主义才是全人类的“普适价值”。

中国人民已经在这条道路上奋斗了90年，中国社会主义道路最终胜利的壮丽理想，将通过你们的接力，最终变成现实。

“物有甘苦，尝之者识；道有险夷，履之者知。”伟大也要有人懂。马克思主义的伟大，中国社会主义道路的伟大，只有在全面了解人类历史进程之后，我们才能真正理解和领悟。

2014年“五四”青年节那一天，我和几十名北大师生一起，在北京大学阳光大厅参加了习近平主席主持的座谈会。在开满五月的鲜花的燕园，习近平主席勉励北大学子和全中国的青少年：只有把个人投入到中华民族伟大复兴的历史之中，投入到“两个一百年”的奋斗目标中，这样的人生，才是真正有意义的人生。而这不禁令人想起马克思《青年在选择职业时的考虑》的深沉思索。

我想，用习主席在北大的谈话来结束这本书，是再合适不过的了。

习主席说：

光阴荏苒，物换星移。时间之河，川流不息。每一代青年都有自己的际遇和机缘，都要在自己所处的时代条件下谋划人生、创造历史。青年是标志时代的最灵敏的晴雨表，时代的责任赋予青年，时代的光荣属于青年。

……

现在在高校学习的大学生都是20岁左右，到2020年全面建成小康社会时，很多人还不到30岁；到本世纪中叶基本实现现代化时，很多人还不到60岁。也就是说，实现“两个一百年”奋斗目标，你们和千千万万青年将全过程参与。有信念、有梦想、有奋斗、有奉献的人生，才是有意义的人生。当代青年建功立业的舞台空前广阔、梦想成真的前景空前光明，希望大家努力在实现中国梦的伟大实践中创造自己的精彩人生。【习近平.《青年要自觉践行社会主义核心价值观——在北京大学师生座谈会上的讲话》，新华网，2014-05-05.】

年青的朋友们，马克思的故事是永远也讲不完的，因为历史没有终结，而那些继往开来的故事，必将通过你们的语言四处传扬，亦如人类正义的事业，如长江后浪推前浪，生生不息，前赴后继。

跋

一个中国人，他对马克思的第一印象通常是标准像上那部雄狮般的胡子。中国传统中，长须是年高德劭的标志，所以，在我的少年印象里，马克思是老的，他生于将近两百年前，似乎他的胡须在这两百年间一直在茂盛生长。

到后来，读了马克思的书、对马克思有所了解之后，我忽然意识到，这里边有严重的错觉，马克思的确有一部大胡子，但是马克思不老，他永远不会老，因为他是人类青春激情的恒久象征和希望，他的生命和他的著作体现着青春焕发的理想：人应该而且能够去改造世界，以不屈的意志为公正美好的社会、为全人类的自由和解放而斗争。

所以，过去一百多年来，无数青年成为了马克思的追随者，成为了马克思主义者，他们在马克思的思想中获得钙、获得坚强的骨骼，在精神上挺立起来。

马克思的思想永不衰老，它不仅针对着马克思所生活的19世纪，更重要的是，它揭示着人的过去、现在和未来。马克思的书不是僵硬的经文，他指出了方向和道路，提供了世界观和方法论，指引着一代又一代人面对自己的时代，不断思考和实践，正是在这种思考和实践中，马克思主义证明着它永不枯竭的活力。

在韩毓海教授的这本《伟大也要有人懂——少年读马克思》中，马克思的论述如同写在今天：在这个全球化、互联网、市场经济的时代，马克思依然如一盏明灯，清晰地照亮了我们的世界。他何尝老去，他就在我们中间，他依然与我们息息相关，依然是所有对人类的未来怀着美好梦想的人们之中最具智慧和洞见、说出了最有力的真理的那个人。

通向真理的路从来都是崎岖的，就像我们从这本书里所知道的，马克思毕生为探求真理作出了艰苦卓绝的努力。同样，走近马克思、走进马克思的书也是困难的。那毕竟是写于一百多年前的书，那毕竟是汇集了人类思想最精深成果的著作，对任何一个读者来说，那都不是轻松愉快的风景，那是高山、是大海，是考验着人们知识、智力、意志的艰难跋涉。

我记得，在20世纪70年代，我还是个十三四岁的初中生时，不知天之高，不知地之厚，立志要读《资本论》，而且在同学中组织了一个学习小组。这一壮举的过程我现在已经记不清了，反正最终结果是望而生畏、不了了之。

但是，如果在那时、在我的少年时代，读到了这本《伟大也要有人懂——少年读马克思》，那又会怎样？

我想，在这晓畅明白读得懂的文字和道理中，我会更早、更充分地领略马克思的魅力，那是思想的强大魅力，将会吸引着、引领着我们继续前行，终有一天，当我们足够强壮时，我们就会独自远行，会自己拿起那一本本大书，去直接攀登高山、越过大海，去认识马克思。

“伟大也要有人懂”，这是鲁迅的话。这句话中既包含着召唤，也包含着责任，那些伟大而精深的道理应该被人懂，也应该有人艰辛劳作，把通往真理的路修得相对平坦。响应这个召唤、承担这份责任，其实是很难的事。在这本书中，我时时能够感到，在清通易懂的表述背后，作者韩毓海教授付出了沉重的努力，每一个段落都包蕴着许许多多的书，都是对马克思浩瀚思想的提炼和把握。韩毓海教授所做的，不仅是把马克思的思想通俗化，更重要的，他是站在马克思的书中，与这个时代，与这个时代的少年和青年对话。

结果，我们看到的是一次热烈激越、充满启发和教益的贴心长谈。

我确信，在你们、在少年朋友们中间，许许多多的人会由此刻骨铭心地记住马克思，马克思的理想和事业会像过去一百多年一样，深刻地融入一代又一代人的青春，他的道理和他的信念，会在今后漫长的人生道路上指引着我们，像无数前辈那样行动起来，让我们的世界变得更好。

李敬泽

中国作家协会副主席